U0016603

顛覆華爾街的金融奇才

從行動支付、加密貨幣到區塊鏈，
一群金融怪傑如何引爆商業與社會的
重大革命

THE MONEY HACKERS

How a Group of Misfits Took on
Wall Street and Changed Finance Forever

Daniel P. Simon

丹尼爾・賽門———著　洪慧芳———譯

謹獻給夏洛特和艾莉諾

「不挹注資金的話，這局面會完蛋。」

——喬治‧布希總統，2008 年 9 月 25 日

「你想得到的 app，這裡應有盡有。」

——蘋果，2009 年 1 月 26 日

Contents

向舊金融秩序，吹起革命號角

十七年前，我剛加入彭博時，邀請克雷頓‧克里斯汀生（Clayton Christensen）來談其著作《創新的兩難》（*The Innovator's Dilemma*），以及他對於企業如何因應變革或未能因應變革的看法。

古往今來，銀行業的變化一直很慢，創新令金融從業者緊張不安。畢竟，銀行的首要任務是不賠錢，想想那些保險箱與上鎖的大金庫即可略知端倪。

然而，像彭博這樣的科技公司別無選擇，只能放眼未來，想辦法找出可能破壞我們商業模式的創新，而過去十年間出現的創新相當驚人。如今大家可以即時購買、消費、借貸、交易，完全不需要觸碰實體金錢。我連去康乃狄克州鄉下的藥房，他們也不收現金，只接受電子支付。

這就是「金融科技革命」（FinTech revolution）。這是一個巨大的轉變，而且是驟然降臨，銀行業的多數人因疲於因應金融危機及其後果，從未預見它的到來。

如今它已經來了，金融服務業的每個人都必須做好準備，

接受這個產業即將遭到顛覆的事實，不然還能怎樣？一切都變了。10幾歲到40幾歲的人都對科技的威力充滿信心，又習慣使用科技，他們何必拘泥老舊的運作方式？他們付錢時何必大費周章開支票？科技將會持續改變消費金融業。

這些新興的金融科技公司——「金融顛覆者」，正在改造老舊的銀行模式或徹底摧毀它們。金融服務業裡的每個人都必須應變，即使犧牲現有的事業與文化，也必須調適，否則都有遭到淘汰的風險。

而他們可以從閱讀這本書開始做起。

高逸雅（Peter Grauer）

彭博資訊公司董事長

FinTech 大事紀

　　FinTech的歷史與貨幣本身一樣古老，而貨幣**就是**一種
技術！但FinTech這個現象是最近才隨著網際網路的興起，
以及1990年代與2000年代的經濟榮枯出現的。底下是促成
現今FinTech的一些關鍵時刻。

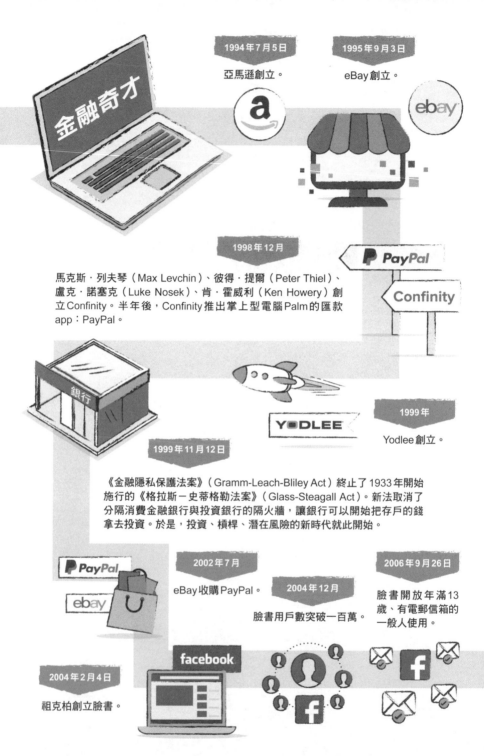

1994年7月5日
亞馬遜創立。

1995年9月3日
eBay 創立。

1998年12月

馬克斯·列夫琴（Max Levchin）、彼得·提爾（Peter Thiel）、盧克·諾塞克（Luke Nosek）、肯·霍威利（Ken Howery）創立 Confinity。半年後，Confinity 推出掌上型電腦 Palm 的匯款 app：PayPal。

1999年
Yodlee 創立。

1999年11月12日

《金融隱私保護法案》（Gramm-Leach-Bliley Act）終止了1933年開始施行的《格拉斯－史蒂格勒法案》（Glass-Steagall Act）。新法取消了分隔消費金融銀行與投資銀行的隔火牆，讓銀行可以開始把存戶的錢拿去投資。於是，投資、槓桿、潛在風險的新時代就此開始。

2002年7月
eBay 收購 PayPal。

2004年12月
臉書用戶數突破一百萬。

2006年9月26日
臉書開放年滿13歲、有電郵信箱的一般人使用。

2004年2月4日
祖克柏創立臉書。

2007年4月

專做次貸的美國房地產投資信託公司「新世紀金融公司」（New Century）申請破產保護。次貸危機就此開始。

新世紀金融公司

2007年3月8日

消費金融公司 Credit Karma 創立。

2007年3月

肯亞的Safaricom推出新的手機支付與轉帳服務，名為M-Pesa，可在簡訊（SMS）網路上移動金錢。

2007年2月20日

道瓊指數達到1萬2,786點的高峰，房屋買賣也在這個月達到高峰並開始下滑。

2006年11月

線上個人理財工具Wesabe上線。

2007年1月9日

賈伯斯在 Macworld 大會上推出 iPhone，獲得許多媒體關注。

2007 年 5 月 24 日

臉書發布應用程式設計介面（API），名為 Facebook Platform，支持臉書服務跨網路與跨裝置的整合。從此以後，第三方的開發者可以把臉書資料用於臉書外的應用程式。

2007 年 5 月 24 日

Lending Club 成為第一批上線的臉書應用程式。

2007 年 6 月 11 日

蘋果在全球開發者大會（WWDC）上宣布，iPhone 將不支援第三方的原生應用程式。此舉引發開發者的強烈反彈。

2007 年 7 月 6 日

iPhone 發布一週後，隨即出現第一個 iPhone 越獄程式。

2007 年 6 月 29 日

第一代 iPhone 上市。

2007 年夏季

哈佛大學法學院的教授伊莉莎白‧華倫（Elizabeth Warren）發表一篇報告，提議成立「消費者金融保護局」（Consumer Financial Protection Bureau），以監督及規範銀行、信用合作社、證券公司、短期信貸業者、房貸公司、房屋查封救濟服務、討債業者。而房貸、信貸、信用卡等金融產品「應該跟現在美國市場上銷售的每台烤麵包機、洗衣機、兒童汽車座椅一樣，受到同樣的例行安全檢查」。

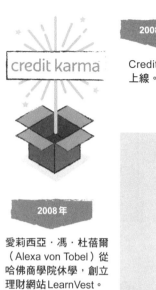

2008年2月

Credit Karma 上線。

2008年2月

臉書以2,000萬美元及約120萬股的公司股票,與溫克勒佛斯雙胞胎(Winklevoss)達成和解。這對雙胞胎迅速申請退出和解,要求更多的補償。

2008年

愛莉西亞·馮·杜蓓爾(Alexa von Tobel)從哈佛商學院休學,創立理財網站LearnVest。

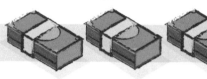

2007年12月

歐盟針對歐洲銀行業的銀行監管新規定「支付服務指令」(Payment Services Directive)開始生效。

2007年10月

蘋果改變立場,宣布為iPhone開發軟體開發套件,預計將於2008年2月發布。

2007年9月

Mint.com在TechCrunch40大會上創立(並獲得該會的5萬美元首獎)。

2008年2月13日

頒布《2008年經濟振興法》（The Economic Stimulus Act of 2008），包括退稅。

2008年3月6日

發布iPhone軟體開發套件，讓第三方的業者可以為iOS開發原生app。

2008年6月

Yodlee從美國銀行（Bank of America）獲得3,500萬美元的投資。

2008年3月17日

美國聯邦準備系統擔保貝爾斯登（Bear Stearn）的壞帳，以促成摩根大通的收購。

美國銀行

YODLEE

2008年7月10日

蘋果推出App Store，一夕間從毫無app變成有數百個app。現代的行動運算平台就此誕生。

2008年7月11日

印地麥克銀行（IndyMac）倒閉，被美國聯邦存款保險公司（FDIC）接管。

imb
印地麥克銀行

bitcoin

2008年7月30日

頒布《房市與經濟復甦法》（The Housing and Economic Recovery Act）。

2008年8月18日

比特幣註冊網域Bitcoin.org。

2008 年 9 月 16 日

美國聯邦準備系統接管 AIG。而美國歷史最悠久的貨幣市場基金「準備首檔基金」（Reserve Primary Fund）的每單位淨值跌破 1 美元。

2008 年 9 月 18 日

美國財政部長亨利·鮑爾森（Henry Paulson）與聯準會的主席班·柏南克（Ben Bernanke）提議 7,000 億美元的緊急紓困計畫。

不這樣做的話，下週一恐怕經濟已化為烏有。

2008 年 9 月 15 日

雷曼兄弟宣布破產，導致道瓊指數下跌 504 點，是七年來的最大跌幅。而美國銀行收購了美林證券（Merrill Lynch）。

2008 年 9 月 9 日

App Store 的下載量突破一億次。

2008 年 9 月 7 日

聯邦政府接管房利美（Fannie Mae）與房地美（Freddie Mac）。

2008 年 9 月

世界銀行建立第一個國際匯款價格資料庫「全球匯款價格資料庫」（The Remittance Prices Worldwide Database），對匯款服務業者施壓，逼他們改善服務。

Betterment

2008 年 8 月 25 日

機器人理財公司 Betterment 創立。

2008 年 8 月 26 日

臉書用戶數突破一億。

2008年9月21日

高盛與摩根士丹利轉為銀行控股公司,以增加美國聯邦準備系統的保障。

2008年9月23日

第一支Android智慧型手機HTC Dream(又名T-Mobile G1)上市。

2008年9月25日

不挹注資金的話,這局面會完蛋。

—布希總統

2008年9月26日

資產3,070億美元的華盛頓互惠銀行(Washington Mutual)開始出現擠兌並持續了十天。

華盛頓互惠銀行

2008年9月29日

眾議院否決了《2008年經濟穩定緊急法》(Emergency Economic Stabilization Act of 2008)。道瓊指數暴跌770點,創下單日最大跌幅。

經濟穩定緊急法

2008年10月3日

簽署《經濟穩定緊急法》,並於日後實施「問題資產紓困計畫」(Troubled Assets Relief Program,TARP)。

LendingClub

SEC

2008年10月14日

Lending Club宣布它是第一個向美國證管會(SEC)註冊的P2P放款業者。

2009年2月17日

歐巴馬總統簽署《美國復甦與再投資法》（American Recovery and Reinvestment Act），挹注7,870億美元的資金以振興搖搖欲墜的經濟。

2009年4月

App Store的下載量突破十億次。

2009年1月26日

蘋果推出「你想得到的app，這裡應有盡有。」（There's an app for that）的廣告。

你想得到的app，這裡應有盡有。

2009年1月20日

歐巴馬總統的就職典禮。

2009年1月12日

加密龐克哈爾·芬尼（Hal Finney）參與第一筆加密貨幣交易，獲得十枚比特幣。

2009年1月3日

比特幣網路上線，成為世界上第一個加密貨幣。中本聰挖出第一條區塊鏈的創世區塊（genesis block）。

2008年10月31日

中本聰發表白皮書《比特幣：一種P2P電子現金系統》（Bitcoin: a peer-to-peer electronic cash system）。

2009年

網路銀行BankSimple創立。

2008年11月4日

歐巴馬當選美國總統。

歐巴馬

2009年6月

App Store 上的
app 突破五萬個。

2009年4月

行動支付服務
Venmo 創立。

2009年6月17日

歐巴馬總統提議「全面改革美國
金融監管系統,這是自經濟大蕭
條以後的改革以來,規模最大的
改革」。

2009年9月13日

財捷(Intuit)收購 Mint。
Mint 與 Yodlee 多年的合作
關係結束。

2009年12月

Venmo 推出 iPhone app。

2009年11月

LearnVest.com 創立,這是專為大學剛畢業的
社會新鮮人開設的個人理財網站。

2010年

伊斯梅爾・艾哈邁德(Ismail Ahmed)
創立跨境數位支付平台 WorldRemit。

2010年5月22日

拉斯洛・漢耶茲(Laszlo
Hanyecz)用一萬枚比特幣買
了兩個 Papa John's 的披薩。

2010年7月21日

《多德─弗蘭克法》(Dodd-Frank Act)
簽署成為法律,確立了新的銀行監管水準。

2011年7月21日

消費者金融保護局成立，以監管在美國營運的銀行、信用合作社、證券公司、短期信貸業者、房貸公司、房屋查封救濟服務、討債業者，及其他金融公司的消費者權益。

2011年6月19日

比特幣交易所Mt. Gox遭駭，八十五萬枚比特幣失竊。

2011年5月

查理‧史瑞姆（Charlie Shrem）與人共創BitInstant，這是第一種迅速從零售地點輕鬆購買比特幣的方法。

溫克勒佛斯資本管理公司

2011年6月

溫克勒佛斯雙胞胎停止上訴，不再要求從臉書和解協議中獲得更多的補償。

2011年5月

網路借貸平台Kabbage開始做第一批放款。

Kabbage

2011年2月

黑市電子商務網站絲路（Silk Road）創立，以比特幣作為主要的交易貨幣。

絲路匿名市場

zZZ... zZZ...

zZZ...

2010年7月31日

Wesabe終止服務。

wesabe

2011年8月

線上個人理財公司 SoFi 創立。

2011年9月

行動支付公司 Stripe 創立。

2011年9月17日

占領華爾街運動開始。

2011年11月15日

占領華爾街運動的抗爭者被驅離祖科蒂公園（Zuccotti Park）。

2012年4月

Braintree 收購 Venmo。

2012年5月18日

臉書公開上市。

2012年9月

史瑞姆變成比特幣基金會（Bitcoin Foundation）的創始董事會成員。比特幣基金會為非營利組織，目的是提升加密貨幣的知名度與聲譽。

2012年11月6日

歐巴馬連任美國總統。

2013年5月

BitInstant 從溫克勒佛斯資本管理公司收到第一筆大額的150萬美元資金。

2014年2月

溫克勒佛斯雙胞胎推出 Winkdex，這是顯示比特幣當前價格的線上指數。

2014年12月

史瑞姆因涉嫌洗錢而遭判兩年徒刑。

2014年1月26日

BitInstant 執行長史瑞姆被控洗錢。

2014年1月

布特林與加密貨幣社群的其他成員一起發布以太坊，這是區塊鏈的一種指令碼語言。

2014年

數位資產控股公司（Digital Asset Holdings, LLC）成立。

2013年11月

青年駭客兼比特幣愛好者維塔利克·布特林（Vitalik Buterin）寫了《以太坊白皮書》。

2013年10月

人稱「恐怖海盜羅伯茲」（Dread Pirate Roberts）的絲路創辦人羅斯·烏布利希（Ross Ulbricht），因販毒與洗錢指控遭到逮捕。

2013年8月9日

彭博增設比特幣代碼。

2013年9月

PayPal 收購 Braintree。

2015年3月

布萊絲‧馬斯特斯（Blythe Masters）加入數位資產控股公司。

數位資產

2015年3月25日

西北相互保險公司（Northwestern Mutual Life Insurance Co.）宣布收購 LearnVest。

LV LEARNVEST

GEMINI

2015年10月25日

溫克勒佛斯雙胞胎創立的加密貨幣交易所雙子星（Gemini Exchange），獲得紐約州金融服務署（New York Department of Financial Services）的批准並正式上線。

2015年11月16日

歐盟理事會（Council of European Union）通過「第二號支付服務指令」（PSD2），給予會員國兩年的時間把該會的指令納入各國法規中。

2016年4月15日

Clarity Money 創立。

2016年3月

史瑞姆出獄。

Marcus: BY GOLDMAN SACHS™

2016年10月

高盛推出線上放款業務 Marcus。

川普

2016年11月8日

川普當選美國總統。

2019年9月14日

PSD2規定在歐盟生效。

2019年10月

嘉信理財（Schwab）
取消所有的費用。

2018年6月5日

西北相互保險公司
關閉LearnVest。

2018年5月24日

《經濟成長、監管鬆綁與消費者保護法》（Economic
Growth, Regulatory Relief, and Consumer Protection
Act）讓數十家美國的銀行無須遵守《多德－弗蘭克
法》的銀行業監管規定，取消了2008年金融危機後
實施的監管原則。

2018年4月

高盛以「八位數美元的高價」
收購Clarity Money。

2017年9月

支付服務Zelle創立。

2017年1月20日

川普總統的就職
典禮。

2017年7月

Betterment公司的資產管理規模
超過100億美元。

2017年4月

純網銀Monzo在英國取得
正式的銀行執照。

無 app 可用的「上帝手機」

2008年3月，鮑爾森、柏南克、提姆・蓋特納（Tim Geithner），以及紐約所有的銀行家都緊盯著黑莓機和彭博終端機，等著看貝爾斯登倒閉會不會導致全球經濟崩解。與此同時，賈伯斯正站在蘋果總部的 Town Hall Theater 舞台上，努力拯救 iPhone。

此時 iPhone 已上市八個月。上市的第一個週末，蘋果就售出二十七萬台 iPhone。截至兩個月後的勞動節，銷售量已突破一百萬。媒體報導鋪天蓋地，讚不絕口。3月賈伯斯登台時，這支人稱「上帝手機」的 iPhone 已囊括智慧型手機 28% 的市占率。

iPhone 的發展其實看來並不差。

但它確實有一個大問題，參加蘋果春季發表會的人都知道這點。

問題就是它沒有 app。

2007年 iPhone 剛發布時，所有的軟體都是內建且密封的，用戶無法增添 app。當時，賈伯斯無意創造革新性的行動

運算平台，他只想推出一部更好的手機。在2007年推出這款產品的知名發表會上，他至少說了五次：「今天蘋果將重新發明手機。」[1]

賈伯斯痛恨當時既有的手機市場。他討厭那些手機的外觀、它們的軟體、糟糕的用戶體驗。在蘋果試圖與摩托羅拉（Motorola）合作推出Rokr手機後，這種厭惡感又進一步加深了。Rokr是改裝自E398直立式手機，可與iTunes同步，但銷量極差，上市幾個月後就從摩托羅拉的產品線移除了。

賈伯斯告訴內部團隊：「我已經受夠了這些愚蠢的手機業者。」

他知道自己可以做得更好。

為了與其他的智慧型手機競爭，蘋果的手機需要有簡訊、電郵、相機、管理相片、網路瀏覽器等功能。賈伯斯希望蘋果的這些功能比市面上的任何業者更好。

而且，由於當時音樂是蘋果業務的一大核心，他也希望這款手機能兼當iPod。

這是巨大的設計挑戰，所以該團隊決定不把那款新裝置當成手機來設計，而是把它想成一台能夠執行輕量版macOS系統的迷你電腦。不過，把一台電腦放進每個人的口袋，並不是他們最初的目標，而是他們最初目標的**結果**。

他們的目標很簡單，就只是製造出世上最棒的手機而已。

該團隊為這款裝置增添了更多的硬體，包括Wi-Fi及全新

實驗性的**觸控螢幕**，並以所謂的「小工具」（widget），為手機增添其他的軟體功能，諸如時鐘、計算機、天氣預報、股市資訊。他們甚至與Google合作，添加了一個地圖小工具（儘管iPhone尚無GPS）。

賈伯斯認為，這些都只是額外添加的東西，他告訴現場觀眾：「真正的殺手級應用是打電話。」

他在蘋果的全球開發者大會上首次展示iPhone：現場都是軟體工程師，賈伯斯向他們展示了比他們見過的任何東西還要先進的行動電腦平台。如果他想藉此刺激他們的胃口，這招確實奏效了。

接著，他告訴那些工程師，他們無法為它編寫軟體。

他不想讓蘋果以外的任何人為這款手機開發軟體。卡爾·紐波特（Cal Newport）在《紐約時報》上寫道：「賈伯斯不相信，第三方的開發者能夠開發出美感與穩定性媲美蘋果自家程式設計師的東西。他深信，這款手機精心設計的原生功能就已經足夠了。」[2]

但開發者並不認同這點。他們在iPhone上看到了賈伯斯所還沒看到的東西：那是台可隨時上網的行動電腦，未開發的潛力相當巨大。蘋果不打算邀請他們為它編寫軟體，但那不表示他們就不能擅自編寫程式。

iPhone於2007年6月29日上市，短短一週內，駭客就找到駭入iPhone檔案系統的方法，安裝了自訂鈴聲（第一代

iPhone還沒開放這個功能），並在YouTube上發布影片以證明他們辦到了。

於是，iPhone的「越獄」時代就此開始。精明的程式設計師破解了手機軟體，讓手機擺脫蘋果的限制，並對iPhone做實驗，加以個人化，擅自開發他們認為原版iPhone所欠缺的任何功能。有些人想讓手機脫離AT&T的2G EDGE獨占通訊系統，改換成另一家電信業者。有些人想增添新功能（例如與微軟的Windows同步，而不是只能跟Mac同步，或是打網路電話）。有些人純粹只是喜歡那種破解革命性技術的挑戰。

不過，在越獄的背後，他們給蘋果公司的潛台詞是：「這支手機是我們的，不是你的。我們希望它能做一些事情，你阻止不了我們。」

iPhone上市一個月後，未經核准的開發者發布了第一批第三方開發的iPhone app，並發布在網路上。

軟體開發者傑伊・弗里曼（Jay Freeman）抱怨：「在iPhone iOS 1.0中，蘋果連一個他媽的遊戲都沒有，其他的手機都有貪吃蛇、Hangman猜單字遊戲。」[3] 弗里曼以駭客名稱「saurik」在網路上廣為人知，他在2008年2月28日發布了Cydia，很快就成為最出名的越獄大神之一。Cydia是為越獄iPhone發布及下載第三方軟體而打造的中央平台。不久，大家開始下載iPhone新功能的安裝程式（蘋果後來也採用了其中的許多功能，包括鈴聲、勿擾模式、剪貼），以及五花八門的

app。

　Cydia是以蘋果的蠹蛾命名，其幼蟲會鑽到蘋果內，蛀食果實。Cydia這個套件可說是iPhone的第一個App Store。

　app對iPhone生態系統來說是新東西，但是對軟體界來說，那概念不是什麼新鮮事。Unix是最古老又重要的現代電腦平台之一，app可說是Unix的核心。

　Unix的開發者肯・湯普遜（Ken Thompson）與丹尼斯・里奇（Dennis Ritchie）認為程式碼應該簡潔、模組化、焦點明確。他們是根據一套邏輯來設計系統，那套邏輯後來稱為Unix理念：「讓程式只做好一件事。」

App心態
「讓程式只做好一件事。」

　隨著桌上型電腦日益強大，以及軟體公司越來越喜歡重新包裝現有的產品線，軟體變得很容易「功能爆多」。每次發布更新版時，就增添更多的功能及複雜的程式碼，導致更新版很容易當機。

　但是像iPhone這樣的智慧型手機，根本沒有桌上型電腦的運算力，因此程式設計師突然面臨了新的（或者更確切地說，是舊的）技術限制：記憶體有限，螢幕小，下載速度緩慢。如果開發者想開發能夠精進iPhone的軟體，他們需要回歸Unix

的原始理念：追求精簡，讓程式只做好一件事。

Unix是蘋果本身作業系統下面的平台，任何為macOS編寫軟體的人應該都了解Unix理念。

而Unix理念也變成了app理念。

另一方面，蘋果竭盡所能地反擊越獄者及Cydia社群。比方說，蘋果內部的iPhone團隊不斷地修補安全漏洞，使越獄變得更加困難，有時甚至會讓越獄手機變得跟磚塊一樣無用，導致越獄手機不僅無法操作，也失去保固（因為手機已遭刻意駭入）。

「我們想製造卓越的產品。」賈伯斯為他對iPhone平台的嚴格控管辯護，「而不是像Android那樣的垃圾。」[4]

但每次發布軟體修補程式後，越獄者都會找到破解iPhone的新方法，所以這種迴圈持續不斷。蘋果等於是在跟自己的顧客玩軍備競賽。科技線記者索爾‧漢塞爾（Saul Hansell）評論道：「最狂熱的果粉想要使用iPhone的全部功能，蘋果對抗這批果粉的方式看來只是徒勞。」[5]

賈伯斯正失去他對蘋果生態系統的掌控，他當然也心知肚明。他決定搶先一步自己開放系統。2008年3月6日（就在貝爾斯登倒閉的八天前），在Town Hall Theater舉行的iPhone大會上，蘋果發布了一款軟體開發套件（software development kit，SDK），為開發社群提供了幫iPhone編寫軟體的合法方式。四個月後的7月10日（亦即美國聯邦存款保險公司接管房

貸公司印地麥克的前一天），蘋果推出App Store，讓開發商能對全球iPhone用戶發布軟體。

賈伯斯終於放棄了對蘋果的完全掌控權。iPhone和行動運算的未來不再由蘋果作主，而是由世界各地的人以及大家天馬行空的想像力作主。

誰會料到這改變竟然會掀起一場金融革命？

傳統金融太糟了，顛覆者登場

我13歲的時候，父親罹患重病，無法工作。我們一家人的世界本來是靠1980年代末期的低率信貸打造出來的。父親重病後，我們的世界開始分崩離析，不得不變賣許多東西。我被迫轉學，原本時髦的媽媽被迫變賣貂皮大衣，換上廉價圍裙，到附近的超市找了一份上架補貨的工作。父親開始領救濟金，也去開乾洗車以維持生計。

很多人遇過更大的困境，但那段經歷導致我一生充滿了焦慮，並與金錢維持特別複雜的關係。即使是雞毛蒜皮的小事（例如牙膏快用完了），也會讓我不理性地慌了起來。我平常買菜的分量，比一家子吃得下的還多。我從來沒用過信用卡或聯名卡，我的儲蓄大多是現金，也就是說，我錯過了史上最長的牛市。

諷刺的是，我竟然選擇以講述金錢故事為業，而且因此賺了很多錢。

隨著我的職涯更蓬勃發展，我的專業興趣與理財缺陷之間的脫節變得越來越嚴重。我可以告訴你聯準會究竟會升息、還

是降息，但一想到信用卡的利息，我就直冒冷汗。我可以解釋抵押貸款證券化如何導致金融危機，但一想到自己扛房貸就害怕，所以我明明可以趁早買房，卻讓租屋人生多了十年。幾年前，跟我一起創立公司的夥伴終於受不了，為我設立了401(K)退休計畫。

王爾德說：「世上一切都跟性有關，唯獨性是例外，性跟權力有關。」

金錢也是如此。金錢幾乎跟一切都有關，唯獨實體的貨幣單位是例外。金錢關乎安全、地位、家庭、成敗、健康，沒錯，還有性。總之，銀行帳上數字以外的一切都與金錢有關。人們覺得金錢難以掌握，不是因為基本的算數不好，而是因為受到自己的心理以及金錢代表的一切所束縛。對於出生富貴之家或是對財務充滿自信的人來說，傳統金融運作得很好。但是，對我們其他人來說，傳統金融實在太糟了。

這本書是描寫一群跟我們有一樣想法的人。

除了導致2008年金融危機的明顯缺陷以外，這本書側寫的創業者都看到了金融業的一些根本缺陷：他們發現金融業已經與根本脫節，又跟不上數位時代的腳步；金融業沒有為大多數為金錢問題所苦的「一般人」提供適切的解決方案；新興的科技巨擘談論如何連結世界或讓世界變得更好時，金融業除了把資金移來移去、或為金字塔頂層越來越少的富人創造更多的財富以外，並沒有明確的目標。

這些創業者（所謂的「金融奇才」）各自以獨到的方式特立獨行，在主流市場上顯得格格不入或置身局外。即使其中有些人成年以後一直在大型金融公司任職，但他們也因性別、膚色或奇怪的口音，而玩著局外人的遊戲。

我自己也是這樣格格不入的人，所以深受他們的吸引。我認為他們的精彩故事可以幫大家深入了解他們想顛覆的金融領域。大家可以把他們的故事當成敲門磚，再進一步了解各種創新。

我並沒有刻意去尋找在那些領域開創先河的人，或業界最出名的人物（尤其你越仔細去找科技領域的第一先驅，反而越難找到。因為每項創新都是站在創新巨人的肩膀上，要追本溯源根本沒完沒了）。我只是尋找引人入勝的故事，以便把FinTech的發展始末講得更宏大。

但這本書並無意成為《FinTech關鍵人物的百科全書》。很遺憾，我無法在書中收錄許多了不起的人物，也沒辦法收錄所有的子行業。比方說，這本書沒有談到商業FinTech（Square與Stripe），或是房地產（PeerStreet／Roofstock）或保險（Lemonade／Corvus）等領域的驚人發展。而對歐洲的著墨也不夠多，對中國的描述可能只觸及皮毛，但中國或許是全球最大的FinTech參與者。

坦白說，能不能接觸到這些金融奇才本尊，也是決定本書收錄人物的一個因素。有些人是我比較容易接觸到的，有些人

本來就是熟識或以前的客戶（不過，撰寫本書之際，他們都不是我的客戶了）。我努力讓書中收錄的人物在立場與性格上盡量平衡，但讀者最喜歡的一些人物可能沒出現在本書中，那不是因為他們遭到冷落，而是因為我還在等他們回我電話。

俗話說，紐約隨時都可能發生任何事情。我當然也注意到，從我交稿到本書出版之間，難免會有時間上的延遲。比方說，走筆至此，嘉信理財剛宣布他們決定取消所有的交易手續費，開創線上經紀業務的新紀元。我不知道2020年第一季，臉書發行貨幣的雄心抱負會變成怎樣，或更廣大的市場會發生什麼。我也不知道FinTech公司會不會凌駕銀行，還是完全被銀行收購併吞（客觀看來，後者比較有可能）。

不過，我相信，無論這些人物的最終命運如何，他們為金融業帶來的許多（即使不是大部分）創新概念，像是：金融不是只能服務超級富豪；金融業應該看起來更像它所代表的人；免費也可以是有利可圖的價位，將在未來的金融機構中生生不息。

Chapter **1**

會移動的錢

他們之所以決定顛覆金融業，
是因為忘了帶錢包。

伊克朗・馬格登－伊斯梅爾（Iqram Magdon-Ismail）與安德魯・科蒂納（Andrew Kortina）之所以決定顛覆金融業，是因為馬格登－伊斯梅爾忘了帶錢包。

那是2009年，馬格登－伊斯梅爾住在費城，但花很多時間往返於紐約市與費城之間。這種舟車往返對他來說已經變成常態。平日他在費城有正職，週末則待在紐約和科蒂納一起研究創新點子。

馬格登－伊斯梅爾與科蒂納是大一在賓州大學相識的，他們在系統的隨機分配下成了室友，而且很幸運地一拍即合。兩人有相同的興趣與抱負，甚至修了幾門相同的電腦課，所以他們很習慣並肩合作。升上大四後，他們合作開發了一個小事

業：大學的分類廣告網站，名為「吾校郵報」（My Campus Post）。他們下午做基層行銷，晚上寫程式。這是他們第一次體驗想要的生活形式，即創立一家網路新創公司。那次初體驗雖然很累，但也令人振奮。

吾校郵報從未蓬勃發展，卻是很好的學習機會。最重要的是，那次經驗讓他們知道，兩人想繼續合作下去。畢業後，他們搬到紐約，開始當程式設計師，從一家新創企業跳槽到另一家，並在過程中累積經驗。後來，費城一家公司招募馬格登－伊斯梅爾去擔任工程副總裁，他接受了那份工作，但他又不想終止與科蒂納的合作。最近他們剛把焦點轉向某個真正有潛力的大創新，他們稱之為 Venmo。

Venmo 是一款音樂 app。

他們是在一場爵士音樂會上萌生這樣的創意。那音樂很棒，但以後再也聽不到了。他們想，如果只要發一則簡訊給樂團，就能透過電郵收到那場現場演出的錄音，那不是很酷嗎？

這個創意看起來很有前景，但需要花很多時間才能搞懂該怎麼做。這表示，他們其中一人必須更常利用週末，搭火車去找另一人做腦力激盪及程式設計。

某個週末，馬格登－伊斯梅爾忘了帶錢包。

科蒂納告訴他別擔心，畢竟這種事情又不是第一次發生在他們身上。他們是多年的室友，以前常互相借錢買酒、買日用品、繳房租，最後一定會拿出計算機，結算誰欠誰多少錢，再

開支票還錢。

　　他們這樣做了幾次呢？幾十次？甚至數百次了吧？

室友搭檔：伊克朗・馬格登－伊斯梅爾與安德魯・科蒂納

但這次，馬格登－伊斯梅爾一想到他們使用的那套老舊系統就笑了。開支票？他連支票簿塞到哪兒去了都不曉得，現在都是上網繳費。

　　支票簡直就像古代殘留下來的遺跡。他要是真的找到支票簿，必須在那張銀行發行的紙上，用幾乎無法辨認的草寫筆跡，寫下欠款金額，然後把支票寄給科蒂納。這表示他還得去買郵票和信封，並找到郵筒才能寄出。科蒂納收到支票後，他必須先找一家銀行分行，並在銀行的營業時間去銀行櫃台填寫存款單，把它連同身分證件交給銀行櫃員。之後，再等三天、五天或七天的兌現期，那筆錢才會存入科蒂納的帳戶。

　　「我們為什麼還這麼做？」

　　2009年，幾乎任何事情都可以在手機上處理了，只有轉帳不行。不知怎的，這種最基本的功能一直沒發明出來。

　　為什麼不行？

　　科技專家與行銷人士喜歡稱這種情況為「阻力」，也就是說，明明很簡單卻無法做到的事情。想像一下你去汽車監理站，卻不由自主地瑟瑟發抖，那就是因為有抗拒心態。

　　「阻力」一直是生活中許多發現與發明的背後驅動力，Venmo也不例外。

　　「我們想辦法來解決這個問題吧。」他們如此下定決心。

消除阻力

「我們想辦法來解決這個問題吧。」

於是，馬格登－伊斯梅爾與科蒂納開始把他們開發的行動音樂app「Venmo」，轉變成轉帳工具。

然而，為什麼在網路上轉帳那麼困難？

2009年，在網路上轉帳不是什麼新鮮事。那時亞馬遜和eBay已營運近十五年。各大零售商的網站上都有某種版本的線上購物車。美國人口普查局的資料顯示，電子商務每年創造的銷售額逾1,300億美元。[1]

而且，電子商務不止收信用卡而已。使用銀行發行的簽帳金融卡也可以上網消費。

為什麼上網付款給亞馬遜和eBay那麼簡單直接，但轉帳給個人卻不行？

付款閘道：兩三秒，就完成十幾個步驟

如今上網購物變得稀鬆平常，所以大家已經忘了它有多複雜。只要點擊「立即購買」的按鈕，訂單就成立了。

就是那麼神奇！

但那個神奇效果的背後，需要經過許多複雜的步驟，那些步驟統稱為「付款閘道」（payment gateway）。

首先，想在網路上接收信用卡資訊的人，都必須遵循 Visa、Mastercard，以及支付卡行業（Payment Card Industry，PCI）的其他成員所制定的規範。也就是說，他們的技術必須符合 PCI 標準，亦即所謂的「PCI 合規」（PCI compliant）。

PCI 合規需要達到銀行等級的資料安全性，這包括：為敏感資訊加密的既有加密協定；保護資訊儲存位置的安全措施；維護與測試以確保這些系統始終是安全的。

要達到銀行等級的安全性並非易事，而且成本也高。儘管對大型電商來說，那費用是合理的投資，但是對小企業或想彼此轉帳的個人來說，那是完全負擔不起的成本。

而且，PCI 合規只是付款流程的一部分而已。一旦信用卡資料透過網路安全傳送，接收端必須把那十六個數字轉變成實際付款。但這串資料究竟是附加在 Visa、Mastercard、Discover，還是美國運通卡上？在商家查看信用卡號是否真實、核對那卡號是否屬於下單者，並確認刷卡者的可用餘額是否足夠以前，商家必須先搞清楚它必須向哪家信用卡公司詢問。而負責執行這項任務的軟體，稱為「付款交換機」（payment switch），它會詮釋資料並與發卡行連線。

接著，信用卡公司（發卡行）進入自己的驗證流程。簽帳金融卡交易則是送到帳戶持有人的銀行去驗證。安全檢查是為了防止詐欺。

一般的信用卡交易要經過十幾個步驟才會獲准，這些步

驟都發生在按下「立即購買」按鈕後的兩三秒內。交易獲准後，螢幕上就會出現交易確認的訊息。

像魔法一樣神奇。

不單只是轉帳，更能社交

馬格登－伊斯梅爾與科蒂納想做的，就是開發出可以把錢從個人銀行帳戶，轉到他人銀行帳戶的app。銀行有網站顯示他們的個人帳戶上有多少錢，所以他們知道這些資料早已數位化了，但為什麼想取得這些資料那麼難？

更重要的是，為什麼銀行不自己開發這種功能？

一個答案是，銀行根本不在乎。銀行老早就有開發新技術的歷史，但是對他們來說，創新始終是為了讓銀行本身的流程變得更好、更有效率。然而，創新「顧客體驗」並不是他們會想到的事情，即使他們真的有想過，那也不會是他們的優先考量，尤其是在市場崩盤後的蕭條年代。

但是，對軟體開發者來說，創造良好的用戶體驗才是最重要的。

即使銀行真的想開發轉帳工具，那也不像表面上看來那麼簡單。美國聯邦存款保險公司的資料顯示，2009年，美國有近七千家銀行。[2] 要讓這些銀行相互對話已經夠難了，要讓它

們的資料庫相互對話更是難上加難，因為每家銀行的資料庫都有自己的規格。那需要投入大量的心力，銀行根本沒有動力那樣做。

但馬格登－伊斯梅爾與科蒂納找到了動機，所以他們開始投入開發。

後來發現，打造系統原型其實沒那麼難。他們很快就可以做到相互轉帳，並留下一長串交易的簡訊收據。那收據內容很快就從簡單的「馬格登－伊斯梅爾20」演變成「科蒂納為Nooch餐廳的泰式午餐付你20美元」。

所以個人之間的轉帳沒有問題。

問題在於獲得開發資金。

他們參加了一場又一場的創業會議，但沒有人認真看待他們。畢竟他們沒有創業記錄，也沒有用戶群，他們的原型是在Google Voice上拼湊出來的，不足以讓創投業者感到放心。一位投資者聆聽馬格登－伊斯梅爾與科蒂納做創業簡報時，直接打斷他們，說他只對「一次大賺數十億美元的投資機會」感興趣。

馬格登－伊斯梅爾不禁反駁：「這會是一家價值上兆美元的公司。」[3]

那位投資者不相信。當時多數的投資者還沒聽過FinTech，這個領域既不是純金融，也不是純科技，根本沒有理由相信這是有利可圖的行業。而且，他們的盈利計畫是什麼？這個在朋

友之間做小額轉帳的小工具，要如何產生可觀的利潤？

馬格登－伊斯梅爾與科蒂納也沒有明確的答案，但這並未改變他們對這款app的投入。他們繼續想辦法把用戶體驗改得更順暢，不斷地精進，並在系統中來回傳送無數則簡訊。

接著，他們注意到一件事。

他們收集的簡訊收據開始為他們的生活勾勒出一幅生動的景象，儘管看似偶然。交易清單顯示他們喜歡去哪裡吃喝，喜歡聽什麼樂團，跟誰一起度過時光。每次有人轉帳給別人，都是因為有一些有趣的事情發生。而把這些個人交易的相關資訊匯集起來，就可以開始講獨特的故事。

他們在偶然間創造了社交動態消息（social news feed）。

Venmo不單只是轉帳方式，也可以是社交網路，傳播用戶的即時資料訊息。

這就非同小可了，那可能發展成龐大事業。

問題是他們要先取得資金才行。

不被看好的創新，改變了電商的未來

比爾・雷迪（Bill Ready）對金錢略懂一二。

他是誤打誤撞投入網路創業的。上大學以前，他連電腦都沒用過，但他學得很快。畢業後，他投入資工領域，並在30歲以前當上線上付款公司iPay的總裁。後來，iPay以3億美元

的價格出售，他轉而去接掌一家你可能從未聽過、但非常重要的網路公司：Braintree。

對Braintree來說，讓用戶幾乎感受不到它的存在，是它的一大特徵，而不是缺陷。

Braintree創立於2007年，後來成為執行電子商務交易的數位專家。電商交易背後的數十個步驟（十到十五個不同的交握〔handshake〕❶、資料提交、交換、認證）都是由它包辦。它把那些步驟綁在一起，以便輕易整合到網站中。

雷迪為Braintree設立的目標很簡單：「我們如何讓一般大眾也能使用這個本來只讓大型電商獨享的工具？我們如何從山頂取火，把火送到山腳下的群眾手中，以造福多數人，而不是只圖利少數人？」

Braintree的軟體讓想要接受線上支付的商家，為顧客提供輕鬆、零阻力的購物體驗，就像在亞馬遜或eBay上購物一樣輕鬆。Braintree可以處理所有技術與監管的複雜性，這樣一來，商家就可以專注在他們想販售的產品上。

本質上，Braintree開發出隨插即用的購物車，讓整個網路都能使用。

對於在網路上經營小事業的人來說，這是革新性的創舉。

不過，2011年雷迪接掌Braintree時，該公司是往出人意

---

❶ 在資料通訊中，交握是指由硬體或軟體管理的事件序列，在交換資訊之前，確定對方已準備好接收資料。

表的方向轉型。當時，他們推出一項創新發明，造就了如今的
FinTech與電子商務的許多發展。

萬事通：比爾・雷迪

雷迪認為，Braintree應該打造行動購物平台。

iPhone剛問世的那幾年，大家還不太使用手機上網購物，因為那體驗實在太糟了。2011年，iPhone已上市四年，App Store已營運三年，上面最暢銷的三款app是憤怒鳥、滾球遊戲台（Skee-ball）、蠢蛋測試（Moron Test）。[4] 當時最高階的智慧型手機是iPhone 4。然而，它使用的3G網路仍處於開發階段，速度慢又不穩。那時大家並未把智慧型手機拿來處理重大的事情，包括重要的購物。

如果有人真的用iPhone購物，他是連上還沒有行動版的網站，所以他必須用手指抓著螢幕放大，才能看清楚他正在買的東西。接著，他必須以手指輸入信用卡資訊，而且是所有的資訊，包括姓名、帳單地址、16位卡號、安全碼。

到了2011年，亞馬遜已經在網站上加入「一鍵購買」的功能。但一般情況下，網站不會保留信用卡憑證，他們要求用戶每次購物都要輸入信用卡資訊。畢竟，收集及儲存信用卡資料總是帶有風險，而且按照PCI標準來儲存這些資料，需要持續付出費用及維護。對多數的系統開發商來說，沒有足夠的理由讓他們大費周章去搞定這些麻煩。只要大家繼續透過桌上型電腦與筆電購物，他們就能使用全尺寸的鍵盤，每次輸入付款資料似乎不太麻煩。

但是在行動裝置上，這就麻煩透了。

少數消費者不厭其煩地以手指在手機螢幕上輸入資料，但

他們必須祈求按下「提交」按鈕時，3G網路不會剛好斷訊。因為只要一斷訊，他們就得重新下單，而且也不知道剛剛那筆交易是否成立了。

由於行動購物面臨上述的種種關卡，電商產業認為智慧型手機不值得他們費心關注，更不值得花錢去開發行動平台。

但雷迪可不這麼想。

「我開始注意我們的流量記錄，發現來自行動裝置的流量從占比0.5%，變成1%，又變成1.5%。」他開始想到摩爾定律（Moore's Law）。這個知名的定律是說，運算力每兩年會加倍。他因此想到，再過幾年，手機將變成大家購物的主要方式。

他知道他可以讓Braintree開發出實現這點的工具，但是為了證明公司投資開發這個工具是合理的，他還需要找到願意購買這些工具的客戶。不過，說服他們並不容易。

「我會說：『總有一天，大家會從手機購買電視與衣服。你上網買的任何東西，都會在手機上完成。』但這樣講的話，大家會笑你異想天開。」

深信不疑

「我會說：『總有一天，大家會從手機購買電視與衣服。你上網買的任何東西，都會在手機上完成。』但這樣講的話，大家會笑你異想天開。」

雷迪也沒有任何資料可以佐證其觀點，他預先看到了尚未發生的未來。「我們開發第一個原生行動支付API時，需要逐筆確認交易。我們是真的逐筆計數，因為當時沒有人這樣做。」

這是惡性循環：只要消費者體驗不好，大家就不會用手機購物。但是在大家開始用手機購物以前，商家認為沒必要改善行動購物體驗。

雷迪知道他必須想辦法打破這種惡性循環，親自改善用戶體驗。

需要「社群網路」，免得用戶嚇死

對想要發展電子商務的小事業來說（無論是否透過手機發展），Braintree都是他們的首選系統之一。另一方面，行動裝置界的早期贏家大多已經是Braintree的客戶，例如Uber、Airbnb、Dropbox、憤怒鳥。他們都告訴雷迪同一件事：他們在招攬生意的過程中，最容易失去潛在顧客的地方，就是顧客必須輸入信用卡資訊的時候。只要他們能讓顧客輸入信用卡資料一次，app就可以保存那些資訊。這樣一來，用戶就再也不需要輸入相同資訊了，以後只需按一下按鈕，就可以完成購物。

問題是，顧客**根本不想輸入那些資訊**，連第一次都不想輸

入。

　但雷迪知道這些消費者所不知道的一件事：消費者認為Uber或Airbnb（分別成立於2009年和2008年）、Dropbox或憤怒鳥儲存了那些信用卡資訊，但事實上是Braintree儲存了那些資訊。「我們握有付款憑證。想像一下，一個用戶註冊了Uber，註冊了Airbnb，註冊了Dropbox，去玩憤怒鳥。每個app都要求他們重新輸入付款資訊。對每個app來說，要求顧客輸入付款資訊都是一大痛點。但我們早就有該用戶的付款資訊了，我們知道那個用戶是誰，我們有技術讓消費者從一個app轉往另一個app時，在技術層面上適時地讓他的支付資訊跳出來。」

　但雷迪知道他不能那麼做，因為「用戶會嚇死」。

　對購物者來說，Braintree一直把自己隱藏得很好。購物者完全不知道它的品牌，也感受不到它的存在。沒人知道網路上有一半的電商網站是在它的平台上運作，也不知道它能在不同的品牌之間共用付款資訊。

　「Braintree擁有數千萬筆信用卡的資料，知道那些用戶的個資與裝置，但我們需要的是消費者網路。我們需要一種方法讓消費者知道，為什麼他們使用下一款app時，他們的付款資訊會自己跳出來。」

　他需要讓Braintree這個原本隱形的品牌顯露出來，這樣消費者才不會嚇死。

他需要社群網路。

雷迪發現Venmo時，它只有三千個用戶（都在紐約），帳上也大約只有3,000美元。這家公司才剛剛通知員工，他們打算結束營運。「公司已經把資金燒光了，但還沒找到盈利模式。」

不過，雷迪認為Venmo可能正是Braintree需要的。

成功合併後，引起線上支付巨擘的注意

Venmo是「對等式網路」（peer-to-peer，P2P）服務，直接讓人與人相連。「P2P服務先天就是靠病毒式傳播。只要有人匯錢給你，你就會有很強的動機去註冊。」隨著越來越多人使用它，那會吸引更多人去註冊。如此一來，你就累積了一大批主動加入的客群。

雷迪想像把Venmo的用戶與Braintree合併起來。「這可能是建立消費者網路的方式，並讓大家了解，他們的付款資訊為什麼會在別的地方自己跳出來。」如果消費者知道他已經註冊Venmo，而且那些使用Braintree的app與網站都可以取得他的Venmo資訊，他就會明白，由於他已經註冊成為Venmo的會員，他的付款憑證會自動出現在那些網站上。

2012年，他決定收購Venmo。

「我得先匯款給他們，讓他們發薪水。這樣一來，收購案

完成時，那裡還有員工。」

雷迪也知道讓平台盈利的關鍵。匯款是有成本的，你需要與銀行及符合PCI標準的付款閘道互動。「顧客不想為這些服務付費。但如果你為商家帶來消費者，商家很樂意為這些服務付費。長久以來，付款一直是這樣運作的，我們可以從商家那頭盈利。」

隨著Venmo的加入，Braintree能夠提供「一鍵式」的購物體驗。那種體驗不僅適用於單一app，而是使用Braintree付款閘道的任何app都適用。也就是說，多達數百萬個商家都適用。

行動購物即將變得容易多了。

翌年，Braintree處理了總值120億美元的電商交易，其中有三分之一是在智慧型手機上。誠如雷迪的預測，Braintree能夠讓Venmo開始盈利，同時迅速壯大客群。

就在此時，他接到eBay及其子公司PayPal的執行長約翰・杜納霍（John Donahoe）的電話。

PayPal向來是線上支付領域的巨擘，成立於1998年，是網路狂潮時代規模最大的IPO之一。此後，PayPal年年成長。杜納霍聯繫雷迪時，PayPal已有一・三七億個活躍用戶，每天處理近八百萬筆支付。

但是，PayPal就像幾乎所有的公司一樣，並未發現智慧型手機日益重要的地位。杜納霍告訴雷迪：「我們知道我們需要

為原生行動裝置改造PayPal，我們希望你們把技術帶過來。」

於是，PayPal以8億美元的現金收購Braintree，Venmo也在其中。

截至2019年，行動支付占PayPal業務的40%以上。光是最後一季，大家在手機上用PayPal付款的總金額就高達190億美元。

而且，只需按一下按鈕。

銀行終於看到商機

用手機購物與匯款已變得稀鬆平常。這種改變的發生不是靠銀行，雖然銀行擁有實現這點所需的一切技術。這種改變之所以成真，是因為銀行業以外的一些人，看到了銀行沒看見的東西，並把握了機會。

但現在銀行終於看到了這個商機。

2016年，摩根大通、美國銀行、富國銀行（Wells Fargo）、PNC等多家美國的大型銀行合資成立了一家企業，名為「早期預警服務」（Early Warning Services，EWS）。翌年，EWS發布Zelle，那是一款行動app，讓用戶匯錢給其他的Zelle用戶，直接與Venmo競爭。

由於Zelle可以直接接觸旗下所有銀行的顧客，其網絡迅速成長。2018年，Zelle有兩千七百四十萬個美國用戶，處理

了總值750億美元的支付。[5]

由於Zelle是由銀行直接營運，可以迅速移動資金，不像Venmo那樣會延遲一到三天。

Venmo有、但Zelle沒有的唯一特質是社交動態消息。對Zelle的一些用戶來說，那其實是改良的優點。畢竟，許多人並不想對外公開自己的消費訊息。

但這也可能是銀行沒注意到的變化，因為很多人（尤其是年輕人），**確實**比較喜歡社交動態消息。雷迪談到Venmo時說：「Venmo處理的支付中，有30％使用表情符號，而且這比例仍持續增加。」

我們也不太確定該怎麼解讀這個資訊。也許，使用有表情符號的社交動態消息，公開個人的消費內容，在歷史上只是轉瞬即逝的一刻。但這絕對反映了我們的社會與金錢互動的方式，以及我們談論金錢的方式，發生了徹底的轉變。多虧有Venmo，有些人永遠不會走進銀行，因為他們可以透過手機互相轉帳。而且，幾百年來，大家原本把公開談論財務視為禁忌，如今大家卻願意把這些資訊公諸於世，這是上個世代的人所無法想像的。即使在2010年，這也是幾乎難以想像的。

文化變革就在我們的眼前發生，速度之快，令人難以置信。

目前還不確定銀行是否能跟上腳步。

Chapter 2

借錢給陌生人

這個在 2006 年還不存在的產業，
已經變成全球經濟的重要組成。

「午安，我是雷諾‧拉普蘭切（Renaud Laplanche），
LendingClub 的創辦人兼執行長。」

2008 年的金融科技創新大會 Finovate，為拉普蘭切安排了
下午的演講時段，緊接在午餐之後，所以現場觀眾疲態盡顯。
紐約皇冠假日飯店（Crowne Plaza hotel）的會議廳後方，幾個
人剛飽餐一頓，腦袋昏昏沉沉，再加上聽了一上午的演講，早
已疲憊不堪，只想把剩餘的精力留給後面的交際時間與雞尾
酒。

沒關係，拉普蘭切以一派輕鬆、近乎爽朗的自信，看著為
數不多的觀眾。他把笨重的麥克風夾在藍色的牛津襯衫上，走
上講台。

他來Finovate大會是為了宣布一件大事。

2008年，這是第二屆Finovate大會，除了這個新興行業（消費金融與科技的新交集，一些人開始稱之為FinTech）的業內人士以外，沒人真的知道這場大會要談什麼。銀行從業人士是參加銀行會議，科技專家是參加科技會議，Finovate則是為一小群既屬於這兩個圈子、也跟這兩個圈子格格不入的怪咖所舉辦的會議。

LendingClub的營運長約翰·多諾萬（John Donovan）參加過2007年舉行的第一屆Finovate大會，並在會中展示了LendingClub剛推出的產品，他們稱之為「P2P借貸」。

然而，那個週末，LendingClub在P2P借貸業的最大勁敵Prosper公司做了一場演示，搶了LendingClub的風頭，甚至在大會上獲得「最佳展演」的美譽。

後續幾個月，這兩家公司都成長了，但Prosper成長得飛快。接著，突然發生了一件事：LendingClub頓時陷入沉寂，Prosper的知名度與市占率不斷攀升。

不過，出席Finovate大會之際，拉普蘭切知道這個局面即將改變。

拉普蘭切以前從未想過成為銀行家或軟體大亨，但他一直很有商業頭腦。他從蒙佩利爾大學（Université de Montpellier）取得法律學位，接著又從倫敦商學院獲得MBA學位，然後在佳利國際律師事務所（Cleary Gottlieb）的巴黎分所擔任證券

律師，負責併購與企業投資方面的業務。事務所派他去紐約做一個為期六個月的專案時，他非常喜歡那個專案，甚至樂不思

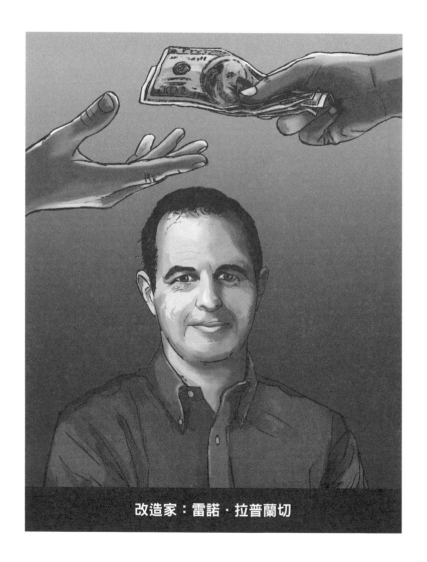

改造家：雷諾・拉普蘭切

蜀,告訴他們,他不想離開。「這裡有太多令人興奮的事情了。」

在佳利律師事務所任職的那幾年,拉普蘭切與許多科技公司合作。他越了解那些公司,就對他們越感興趣。他總是喜歡改造東西,做點實驗,看看改了以後,運作會變成怎樣,能不能變得更好。所以,軟體以及開發軟體的新創公司,對他那種喜歡改東改西的性格很有吸引力。

拉普蘭切因此決定創立一家科技公司。

他與人一起創立了三級跳科技(TripleHop Technologies)。2001年9月11日,他們正在設計企業資料庫軟體時,工作突然遭到中斷。三級跳科技的辦公室位於世貿中心的北塔。而九一一恐怖攻擊摧毀了該公司正在開發的許多軟體和一切硬體。

然而,拉普蘭切並沒有就此退縮。他刷卡買了一套新電腦,公司迅速恢復運作,並發布了功能強大的軟體,引起賴瑞・艾利森(Larry Ellison)的公司甲骨文(Oracle)的關注。不久,甲骨文就收購了三級跳科技。

拉普蘭切突然變得很富有,也意外多了許多閒暇時間。他決定好好休息一年,再開始思考新的商業點子。

不過,他還沒休息一年就靈光乍現。休假才過七週,他就已經投入那個日後發展成LendingClub的專案。

去中介化

「如果你是生意人，看到利差很大時，你會馬上想到：『商機很大。』」

「當時我在度假，打開郵件，顯然我真的太閒了，因為我還認真看了信用卡的對帳單，我平常不會做那種事。」拉普蘭切可能是第一次注意到，銀行收取的信用卡利率是18.99%。他覺得那利率高得嚇人，「尤其我對銀行來說，應該屬於風險很低的客群。」

他打開的下一封郵件也是來自銀行，那是他的「高收益」儲蓄帳戶的對帳單，但他注意到那個帳戶的利息才0.5%。

他因此發現，他把錢存入儲蓄帳戶時，其實是以0.5%的利息借錢給銀行，但他使用信用卡時，銀行是以近19%的利率借錢給他，利差是18.5%。

那些錢到哪裡去了？

拉普蘭切說：「如果你是生意人，看到利差很大時，你會馬上想到：『商機很大。』」

他在這裡看到的商機，是**去中介化**（disintermediate）的機會。

他知道銀行之所以抓那麼高的利潤，除了貪婪以外，也是因為他們需要承擔基礎設施的成本。銀行為了收你的存款，維護你的存款帳戶，並發信用卡給你，必須維持龐大的分行網

絡，雇用成千上萬名員工，維護舊有的電腦系統，安裝提款機、打廣告等等。經營銀行的成本很高，尤其是全國性或跨國的銀行。

但有件事還是令拉普蘭切想不透。在這個科技時代，大家以信用卡上網消費，維持那麼廣泛的銀行基礎設施究竟有多大的必要。我們真的需要那麼多分行嗎？需要那些銀行員工來當中介嗎？需要那些老舊笨拙的電腦系統嗎？

他越想越納悶，我們真的還需要銀行嗎？

「有沒有更有效的方法，能在有閒錢的人（存戶）與需要錢的人（貸款者）之間分配資金？」

而他發現，使用科技把願意出借金錢的投資者和需要借錢的人直接連結起來，把銀行從這個流程中抽離，顯然更有效率。

於是，LendingClub的概念應運而生。

如果張三想直接借錢給李四……

想要了解LendingClub的概念，可以先思考傳統的銀行借貸是如何運作的。為此，我們可以回想一下導演法蘭克·卡普拉（Frank Capra）執導的電影《風雲人物》（*It's a Wonderful Life*）中，那個人見人愛的銀行家喬治·貝禮（George Bailey）。[1]

電影中，貝禮在貝福德佛斯小鎮經營一家小型的社區銀行。鎮上居民想把錢存在安全的地方時，他們會把錢存進貝禮經營的貝禮建房合作社（Bailey Building and Loan）。貝禮收下他們的存款後，會在帳上記錄他們存了多少錢。每隔一段時間，他會在他們的帳戶中添加一點利息，以感謝每位存戶把錢存在那裡。

這些銀行客戶需要繳帳單或想拿回一些儲蓄時，會回到貝禮建房合作社提款。貝禮交出他們提領的現金，並更新帳本，以顯示他們的帳上餘額。

小鎮居民所不知道的是，**貝禮沒有把他們的錢存在銀行裡**。銀行並沒有持有那些錢。當居民衝進銀行，要求拿回存款時，貝禮解釋：「你們對這個地方的想法完全錯了。」

事實上，張三、李四、王五的存款並不是完全存放在銀行的金庫裡，以備他們決定關戶時馬上領回。貝禮只保留一小部分的儲金，亦即準備金。那些錢足以因應一般營業日的交易，外加一點金額作為緩衝，以防萬一。

剩下的錢，他都交給別人了。

不過，貝禮的主要業務不是持有存戶的錢，而是對當地居民放款。小鎮居民需要額外的現金以繳交房租或房貸時，就會去找貝禮借錢。他出借金錢讓他們應急，他們則是同意定期償還借款，外加利息。利息正是銀行盈利的方式。貝禮也運用那些獲利，來支付銀行的一切費用以及他個人的薪資。

但貝禮是從哪裡取得出借的金錢？

事實上，那些就是張三、李四、王五存在那家銀行的錢，亦即所有銀行存戶的資產總和，而那也是貝禮**沒有**保留在金庫裡的錢。

貝禮告訴顧客：「你的錢就在你家隔壁老王的房子裡，也在老李的房子裡、林太太的房子裡，還有其他一百間房子裡。你借錢給他們蓋房子，他們會竭盡所能還錢給你。」

貝禮告訴顧客，是**你**借錢給他們。借款人可能與銀行簽了本票，但貝禮向顧客明確表示，他認為**他們**是投資者。貝禮只是中介者，負責訂合約與記帳。

貝禮的帳本顯示每個儲戶的帳上有多少錢，而不是貝禮的金庫裡有多少現金。那帳本就是給每個投資者的借據。[2]

P2P借貸的概念很簡單：

如果張三想直接借錢給李四呢？

假如借款者與投資者可以跳過銀行，他們的錢就不會用來支付銀行及其基礎設施了。省去中介者以後，張三就可以用比銀行更低的利息借錢給李四，他的投資可獲得比存款帳戶的利息更高的報酬率。借貸雙方都因為省去中介者，而獲得更好的交易條件。

既然那麼好，為什麼我們不這樣做？

一大原因是風險考量。如果我們把畢生積蓄都出借給陌生人，那個陌生人後來賴帳不還，那我們就完了，可能還會因為

過於天真把財富託付給素昧平生的人，而感到丟臉。[3]

　　這是拉普蘭切的LendingClub概念必須解決的第一個挑戰：如何說服張三、李四、王五等潛在投資者，讓他們相信P2P借貸是他們放心投入金錢的好地方。

　　LendingClub為了讓投資者感到放心，採取了簡單的措施：讓他們可以選擇分散投資。也就是說，不是「個人對個人」（peer-to-peer）的借貸，而是「個人對多人」（peer-to-peers）。與其讓投資者把全部的積蓄都貸放給單一借款人，LendingClub可以幫個人把積蓄分散，出借給多位借款人，例如每個人各貸放25美元。這樣一來，即使一個借款人賴帳不還，整個投資也不會血本無歸。

　　把這個功能添加到LendingClub確實有助於安撫放款人，但這樣做依然沒有觸及LendingClub問題的真正根源。

社群媒體的力量
「我們基本上是請你把錢出借給網路上的陌生人。」

　　「我們基本上是請你把錢出借給網路上的陌生人。只是檯面上不這樣講！不過我們確實是叫大家這樣做。但在網路上借錢給陌生人，那聽起來近乎瘋狂。」

為了讓顧客安心，銀行使出渾身解數

大家習慣把錢交給銀行，是因為銀行總是竭盡所能地確保顧客感到放心。你注意看市區街角那些老舊銀行大樓的名稱，你會看到同樣的字眼一再出現：

Fidelity（意思是「忠實」）。

Security（意思是「安全」）。

Trust（意思是「信任」、「信託」）。

這是有原因的，而且這與長久以來銀行一直用花崗岩、石灰岩、大理石建造，蓋得像堡壘一樣的原因相同：大家想要相信他們的積蓄不會憑空消失。

數百年來銀行打造的基礎設施，總是以一個概念為核心：匯集大家的存款並確保那些錢安妥無虞，且一切忠實、安全又值得信任。

這一直是銀行那些基礎設施成本的一大來源。他們必須為那些堡壘般的分行買單，而且，多數情況下，這樣做確實有回報。除了歷史上少數幾個顯著的例外以外，大家普遍認為把錢存在銀行很安全。

但銀行看似堅固的石壁，以及令人放心的名稱，大多只有門面效果。事實上，銀行為了保護顧客的投資所做的主要事情，是評估及衡量風險。

銀行不會把儲戶的錢隨便出借給任何人，而是只出借給他

們認為有可能償還的人，亦即「信譽良好」的人。

如果你回到類似電影《風雲人物》的年代，銀行經理都很熟悉顧客，因為顧客每週都會走一趟銀行，每次他們存錢或領錢時，銀行經理都會把交易記在帳上。這表示銀行有充分的機會，全面了解一個人的信用狀況。如果有人為了重新裝潢餐廳而來銀行申請貸款，銀行經理很可能認識這個餐廳老闆，甚至光顧過那家餐廳，並親眼目睹那裡的生意有多好。假設那裡每晚賓客滿座，而且餐廳老闆天天在場招呼客人，銀行經理就可以輕易評估，這筆貸款對銀行來說是安全的投資。但假如那家餐廳每週六都乏人問津，只有老闆和牌友在裡面打牌，還把窖藏的葡萄酒都喝光，銀行經理可能會認為這筆貸款是風險較高的投資。

以前信譽是很個人化的事情。但隨著銀行日益壯大，變得更企業化，他們再也無法經常與顧客直接接觸。大家親自走一趟銀行的次數減少了，而且每次去銀行，面對的行員或許也不一樣，或者他們可能改用自動提款機，根本不會見到行員。於是，銀行經理很難、甚至不可能根據他對顧客的了解，來決定一個人的信譽。

銀行需要更有系統的方法來衡量貸款的風險高低，而他們採用的解決方案是信用評分。

FICO 沒說的事

　　美國有三大信用評分機構：艾可飛（Equifax）、益博睿
（Experian）、環聯（TransUnion）。他們追蹤每個人的借款
史，包括追蹤我們承擔多少債務，以及償債的速度與可靠性。
根據這些資料，每家信貸機構會使用一套演算法，給每個人打
分數。多年來，這些信貸機構一直在試驗自家開發的專利評分
系統，但現在他們共用一套系統：FICO。FICO是由如今名為
費埃哲（Fair Isaac Corporation）的資料分析公司於1981年[4]
推出，並以該公司的名稱命名。而FICO的信用評分介於300
到850分之間。

　　FICO得分高的人（通常為640分以上），算是「優級」
（prime），非常值得信賴。

　　得分低於640的人，則算是「次級」（subprime）。

　　這個FICO評分可以幫投資者估計借款者的風險。風險低
的借款者通常可獲得低利貸款；次級貸款的借款者通常得支付
較高的利率，以抵消他們可能倒帳的風險。

　　FICO提供標準化的風險評估方法，使放款者更容易對其
投資感到放心。

　　但它也有缺點。由於FICO評分只依據過去的交易，從來
沒有負債的人就沒有FICO評分。那個人其實毫無不良的信用
記錄，只是**沒有**信用記錄。這導致他幾乎不可能獲得貸款。相

反的，另一個一直以來都有穩定、可靠收入並按時支付帳單的人，可能有很高的FICO分數，但這個分數無法告訴潛在的放款者，這個人**目前**有沒有收入來源。

FICO評分可以精準地衡量借款人過去做了什麼，但不見得能準確評斷未來做的事情。像貝禮那樣的銀行經理可以在打量一個人後說：「我可以為他的人品擔保。」但這種日子早已不復存在。

免費的個人信用管家

在2008年的Finovate大會上，就在拉普蘭切演講那個大廳的另一端，有另一個人正在思考消費信貸與信用評分：Credit Karma的創辦人林建（Ken Lin，音譯）。

2008年2月林建推出Credit Karma時，只有一個簡單的目標：讓大家免費取得信用評分。

「我用過信用追蹤服務，實在不懂為什麼我只是追蹤自己的信用評分，卻要價那麼高。我的意思是，那是我個人的信用分數，為什麼我要付錢？因為有那樣的經驗，我開始尋找更好的方法，讓消費者取得個人的信用評分。」

林建從小就沉浸在金錢圈子裡，但不是大家所想的那樣。他4歲時，父母從中國移民到拉斯維加斯，去賭場的21點牌桌做荷官，所以他從小就看著大家評估風險，以及借錢

賭博以期獲得更高的報酬。也就是說，某種程度上，他一直在思考信用問題。

林建在信用卡與線上貸款業工作多年，他發現一般人對自己的信用及個人信用對生活的影響所知甚少。信用評級不僅決定你能獲得什麼貸款以及信用卡的利率而已。「它的影響隨處可見，遍及一切，從你能否租到房屋到你能否購買汽車保險，都會受到影響。」

林建因此把「幫助大家更了解自己的信用評分、以及提高個人信評的方法」當成他的使命。Credit Karma 提供信用評分模擬器，以顯示某些因素如何影響一個人的信用評分，並根據用戶的信用評分來推薦適合的金融產品。「良好的信用評分，可為一般消費者在一生中節省100萬美元以上的利息支出。在Credit Karma上，我們的目標是教消費者如何改善信用評分及節省利息支出。」

民主化
「99%的人最脆弱，這正是科技可以幫上忙的地方。」

當然，就像任何「簡單」的想法一樣，創立Credit Karma不是那麼簡單。就在公司即將公開營運的前幾天，林建差點被迫關閉整家公司。

「這件事說來有點好笑……」

林建與團隊努力一年後，在2008年年初推出Credit Karma網站的測試版（即仍處於測試階段，僅對一小部分受邀的用戶開放）。接著，久未休息的林建迅速前往泰國，度假紓壓。

他出國以後，新網站突然獲得意想不到的宣傳報導。當時，金融專業刊物《美國銀行家》（*American Banker*）的一篇文章介紹了Credit Karma。「我們還在測試階段，並不希望有媒體報導，但有媒體報導其實也還好。」

不過，《美國銀行家》的那篇文章吸引了更多媒體跟進報導。林建搭十八小時的飛機從泰國回國時，有人洩漏了測試版網站的註冊碼。由於該網站仍在測試中，每筆新的註冊都會發送一封電郵通知給林建。等到他的飛機降落時，他已經收到六千封註冊通知。

媒體爭相報導也引來一些意外的審查。原本那個新網站是使用三家信評公司的資料，來為消費者提供信用評分。但其中一家在毫無預警下，決定與Credit Karma終止合約。

當時Credit Karma即將推出一個網站，提供「免費的信用評分」這項單一服務。沒想到，一家已經簽約的信用評分公司卻臨時反悔了。

其實當初那些信評公司願意和Credit Karma簽約已算是一個小小奇蹟。「沒人想跟我們合作。他們是驗證可行的商業模式，每年創造10億美元的收入，現在我們這家公司卻突

然殺出來說：『哦，我們要免費提供這項服務。』」

前一年林建花了很多時間跟那些公司達成協議，說服那

提倡者：林建

些信評公司相信Credit Karma不會對他們的商業模式構成威脅。

合約簽訂後，Credit Karma與信評公司的關係看似一切順利。

直到他們看了《美國銀行家》的報導以後才改觀。

「我們沒想到你要免費提供信用評分。」他們擔心那會破壞他們與現有合作夥伴的關係，因為其中有許多合作夥伴會向索取信用評分的消費者收費。

林建與Credit Karma的團隊打從一開始就沒有隱瞞過他們的意圖。他們一開始就表明，他們想免費為消費者提供信用評分。

信評公司說：「對，你把那些都寫進申請書了，只是我們沒看。」

他們告訴林建，在合約正式終止以前，他還有三十天的緩衝時間。也就是說，Credit Karma再過一個月就得關閉。

「接下來的二十天，我打電話給我認識的每個人、這一行的每個人、每個創投業者、我能找到的一切人脈，但都無濟於事。」接著，他突然轉運了。有人告訴他一個必須趕緊去聯繫的信評公司關鍵人物，那個人可以逆轉合約終止的決定。

「我不認識他，所以冒昧寫了一封電郵給他，我寫道：『您好，我是Credit Karma的執行長，Credit Karma就是您

決定終止合作的那項服務。我認為終止合約是個錯誤，請容我為您解釋原因。』」

寄出那封信後，過了感覺很漫長的幾分鐘，對方回信了：「我們何不共進早餐聊聊？」

「那是我這輩子最輾轉難眠的夜晚，再過七天合約就要終止了。隔天一早，我必須去跟對方見面，那是讓公司存活下去的唯一希望。」

在那場早餐會中，林建說服對方相信，未來多年Credit Karma會是他們的寶貴客戶。

如今回顧過往，林建說：「現在他們都是很棒的合作夥伴。」

對林建與Credit Karma來說，信用評分只是更重要事情的一小部分。「消費者查自己的信用評分時，他們其實是在尋找信用評分能為他們提供哪些選項。」那些選項可能包括信用卡、車貸或轉貸的能力。「那一直是我們的利基市場。我們是一家關注消費者需求的科技公司，尤其是他們的財務需求。」

Credit Karma自2008年推出以來，持續增添其他服務，例如前面提到的「信用評分模擬器」；一個可彙整用戶銀行資訊的開支工具，幫用戶追蹤帳上的金錢進出；線上報稅試算。而且，Credit Karma承諾，所有的服務都是永遠免費提供。

不過，拉普蘭切並沒有打算取代FICO評分，那依然是經過時間考驗又實用的風險評估方法。但是為了讓LendingClub運作，就需要找到讓投資人與借款人互相信賴的方法，讓人覺得在網路上借錢給陌生人不是那麼瘋狂。

「我們認為，人與人之間需要建立某種連結以減輕衝擊。」

拉普蘭切想要的是一種技術，以便把貝禮那種人際互動型的風險評估融入放款流程中。也就是說，一種運用網絡力量來擔保個人人格的技術。

幸好，那時有個叫「臉書」的東西。

100天，幫臉書用戶借貸逾100萬美元

到了2006年年底，臉書不再只是大學生使用的系統，而是已經開放給大眾註冊，每年的用戶數都翻三倍。

到了2007年，祖克柏與其團隊即將擴展到一個新東西上，他們稱之為「Facebook Platform」。他們正在開發軟體庫，讓第三方網站在臉書外面，把臉書的用戶資料整合到自己的應用程式中。

由於臉書的用戶群龐大（約兩千萬人），這個Facebook Platform可說是潛力無窮。

不過，臉書正式對外發布這項功能以前，希望先精挑細選

幾個案例來合作，以對外驗證這項概念可行。於是，拉普蘭切找上臉書，洽談臉書與LendingClub的合作。

他解釋：「我們的目標不是讓朋友借錢給朋友，而是利用Facebook Platform，讓出借者能在共同網絡中（例如團體或學校）找到借款人。你不會把錢借給完全陌生的人，而是借給朋友的朋友，或是校友或同鄉，因為你們之間有某種關係。」

臉書也很喜歡這個概念，他們正設法讓自己有別於社交網站Myspace。他們想顯示Facebook Platform可用來做更有意義的事情，不是只能玩遊戲而已。

臉書挑選的第一批案例有五個，LendingClub是其一。2007年5月24日，LendingClub與Facebook Platform一起正式對大眾推出。

LendingClub的網站上有個功能叫「LendingMatch」（借貸配對），它本身就像交友網站，只不過是為借款人與放款人牽線：它讓網站的用戶瀏覽想借錢者的匿名個資，查看其相對信譽，以及他們是否有共同的社交圈。一旦找到合適的放款對象，只要按個鈕，就可以授權LendingClub啟動放款。

這個網站的目的，是想吸引那些使用高利信用卡而累積很多卡債的人。拉普蘭切心想：「信用卡是很方便的支付機制，卻是很糟的信用工具。你刷卡購物後，若是把應付帳款留到下個月，你需要為那筆欠款支付17％或18％的利率。但你可以用平均12％的利率跟我們借款去償還卡債。」

在投資者（放款者）那邊，LendingClub找的不是富有的銀行家或避險基金的經理人，而是那些希望投資報酬率高於存款利率的人。他們的最低投資門檻是1,000美元。

與臉書合作幫拉普蘭切推廣了LendingClub這個品牌。在系統上線的最初一百天，LendingClub幫臉書用戶借貸的金額逾100萬美元。

但這個平台的缺點很快就顯露出來了。

2007年，臉書正迅速成長，但它主要仍是大學生及年輕人使用的平台，而且主要是靠Scrabulous、SuperPoke!、Mob Wars等遊戲應用程式出名。那並不是認真的投資者想要擴大投資組合的地方。

拉普蘭切說：「從宣傳的角度來看，與臉書合作是很棒的概念，它確實幫我們長期發展得更好。但是從創造貸款的角度來看，那其實不太適合。」

不過，臉書還不算是LendingClub面臨的問題。更大的問題是監管美國證券交易的證管會。

趁早搞定監管機構

拉普蘭切之所以一直想到證管會，主要是因為他不知道證管會對P2P貸款的看法。這個產業實在太新了，所以沒有人知道該如何監管它，或是否需要監管。這讓LendingClub和其他

的P2P貸款公司可以自由地創新，從頭開創全新的產業。但也讓他們經常擔心，監管機構的管制可能帶來措手不及的衝擊。

拉普蘭切不想得罪證管會，但他也不想無緣無故去捅馬蜂窩，尤其萬一主管機關要求他的公司遵守1930年代制定的法律，而那些法律從未料到線上P2P貸款的概念，那就慘了。銀行業的文化，尤其是監管銀行的主管機關文化，並不是為了跟上日新月異的技術而建立的。

拉普蘭切說：「我覺得『金融』（Fin）和『科技』（Tech）之間的協調很有趣。FinTech公司必須協調這種雙重文化。一方面，有人非常創新，總是想著讓世界變得更好；但另一方面，有一些熟悉金融服務的人，他們知道你需要面對的限制、你跟投資者拿錢以後需要擔負的責任，以及金融服務產品需要符合的法規與監管架構及知識嚴謹度。而讓這兩種人相互理解及順利合作，是任何FinTech產品成功的關鍵要素。」

拉普蘭切不僅深諳證券法規，也曾創立一家非常成功的軟體公司，所以他既懂Fin，也懂Tech。他決定主動打電話給證管會。他覺得趁早搞定大環境、並協助主管機關打造監管架構會更好。

後來發現，他決定主動聯繫證管會是正確的，因為證管會對P2P貸款的了解與他的理解完全不同。

LendingClub最初的構想，是撮合放款人與借款人，就是這麼簡單明瞭。在那筆借貸交易中，LendingClub扮演媒合的

角色：把雙方連結在一起，就像工藝品販售平台Etsy撮合首飾業者與顧客一樣。但那些貸款不歸LendingClub所有，就像商家在Etsy平台上販售的首飾，也不歸Etsy所有。

在最簡單的P2P借貸中，一個人是直接放款給另一人。但這不是很好的投資，因為放款者承擔很大的風險。萬一借款人違約，放款者就失去了一切投資。因此，LendingClub的顧客需要多角化投資的能力，把一筆資金分散借給多位借款人。而LendingClub已經把這個功能內建到平台中了。

LendingClub認為，讓放款者把1萬美元的資金分切成最少25美元的放款，是P2P貸款的自然發展。那實質上並未改變拉普蘭切與團隊對其業務的看法，只是讓參與其中的每個人感覺更放心罷了。

但證管會對此有不同的看法。他們覺得，LendingClub一拆分放款並開始分批出售，就不再是單純的媒合角色，而是跨入證券銷售的業務。這表示LendingClub需要像其他的證券交易所那樣受到監管。

問題是，證管會也不知道該如何監管P2P貸款**機構**。在LendingClub向證管會註冊以前（即使在最好的情況下，註冊也是非常複雜又耗時的過程），證管會需要先決定LendingClub該註冊什麼**身分**。

後續幾個月，LendingClub與證管會密切合作，以確定這個新產業該如何監管。2008年6月20日，LendingClub正式向

證管會申請註冊。

接著，他們開始靜候佳音。

註冊期間有一段強制的「靜默期」。在靜默期內，LendingClub不能展開新業務。也就是說，既有的貸款維持不變，但LendingClub不能招攬新的放款人，要等證管會完成冗長又官僚的註冊手續後才行。而且，即使靜默期結束了，也不保證LendingClub的註冊就獲准了。

與此同時，早就決定不向證管會註冊的競爭對手Prosper則是繼續成長。

2008年10月，拉普蘭切去Finovate大會上演講時，他已經知道兩件事情是其他人所不知道的。

第一，LendingClub剛完成證管會的註冊程序，可以合法銷售證券化的P2P貸款了。

第二，LendingClub的競爭對手都無法做同樣的宣傳。

事實上，拉普蘭切決定盡早主動聯繫證管會，這點很快就證明是正確的。因為2008年11月24日，LendingClub的競爭對手Prosper因違反《1933年證券法》（Securities Act of 1933）而收到禁止令。這對Prosper來說是代價高昂的衝擊，也是拉普蘭切一直想引導公司迴避的狀況。Prosper花了九個月的時間及1,000萬美元的法院和解金，才終於完成證管會的註冊並重啟營運。

崩盤後，P2P借貸正好派上用場

2008年的秋天，金融業也發生了另一件大事：崩盤。9月時，次貸危機爆發。全球第四大投資銀行雷曼兄弟申請破產保護，並引發連鎖反應，以經濟大蕭條以來未曾見過的方式衝擊資本市場。股市崩盤，國家陷入衰退，銀行突然現金短缺，不太願意放貸。

次貸危機演變成一場信貸危機。

金融世界的崩潰與重生

只要你去了解FinTech的崛起，也就是說，你去了解Venmo、LendingClub等技術的出現，如何改變我們與銀行及金錢互動的方式，就很容易看出iPhone、行動網路，以及社群媒體的普及對這些改變的重要性。

但大家比較難看出金融危機對這些改變的重要性。

2008年的金融危機始於一場「次貸危機」。誠如貝禮的例子所示，抵押貸款是銀行資產負債表的重要組成：銀行放款給想買房的人，屋主貸款買房後，分期償還房貸與利息，這對銀行來說是可靠的利潤。抵押貸款是銀行可做的最安全貸款之一，因為屋主把房子作為抵押品。由於借款人想保住房子，即使遇上經濟困難，也會盡力還款。萬一借款人真的

違約，房子就歸銀行所有。從歷史經驗來看，不管結果如何，對銀行來說都是雙贏。

但2000年代，這情況變了。抵押貸款機構開始向越來越多的借款人，提供越來越大額的貸款，連那些沒有收入還款的人也成了他們放款的對象。

造成這種情況的原因很多。比方說，2000年代的低利率使大家更負擔得起抵押貸款。那些在高利率環境下無力貸款買房的人，在2000年代都可以輕易獲得貸款。聯邦政府的《社區再投資法》（Community Reinvestment Act）等專案，也助長了這個趨勢。該法鼓勵銀行在低收入社區放款，藉此減少抵押貸款方面的歧視。與此同時，急於爭搶此業務的銀行也放鬆了放款標準，並鼓勵員工推銷更多的抵押貸款。這導致更多人買房，進一步推高房價，那又促成更大額的抵押貸款。於是，惡性循環不斷。

這些情況已足以在房市中製造泡沫，泡沫一旦出現，遲早會破裂。不過，2008年的危機之所以特別危險又獨特，是因為證券化。

由於背房貸的人通常會還款，而且房貸有房子作為抵押，這種貸款的風險較低。所以銀行把大量的抵押貸款捆綁在一起，包裝成「不動產抵押貸款證券」（mortgage-backed security，MBS），號稱那是有利可圖又安全的投資，賣給投資者。

2000年代的房市榮景，使投資者對這些MBS產生很大的興趣。投資銀行為了跟上這些需求，創造出五花八門的創新投資產品。比方説，不止把抵押貸款捆綁成MBS，也把許多的MBS捆綁成MBS，如此層層捆綁下去。那些投資產品等於是層層押注，最根本的賭注是看好房市會持續上漲，以及借款人會持續償還抵押貸款。

而全球所有大規模的投資組合（包括退休基金與養老基金），都投資了這些MBS。

遺憾的是，大家都賭輸了。2007年，越來越多次貸的借款人無法償還抵押貸款。接著，他們的房子歸銀行所有，那些銀拍屋大量湧入市場，壓低了房價。

這不僅給屋主帶來問題而已，也給投資MBS的投資人帶來了問題。他們爭相拋售MBS，卻發現沒有買家願意承接。投資銀行發現，他們的資產負債表上充斥著無法出售的資產，而且這些資產沒有實際的價值。如果這些資產賣不出去，銀行就無法獲得支付債務所需的現金。幾乎在一夕間，每家大銀行都突然陷入流動性危機。那些持有最多MBS、最少現金的銀行，面臨著立即破產的風險。

這就是2008年9月15日發生在雷曼兄弟身上的事情。要不是政府即時介入，其他的銀行很快也會遭殃。問題資產紓困計畫於10月3日簽署生效，讓美國財政部買入這些原本無法出售的MBS，並向市場澆注急需的流動性。

對銀行來說，這些紓困方案代價高昂。首先是民怨高漲。當華爾街收到政府這張7,000億美元的支票，銀行在危機之前可能擁有的任何商譽都遭到完全抹煞。蓋洛普的資料顯示，截至2010年10月，大眾對銀行的信任降至歷史新低。

不過，除此之外，還有一些有形的代價。政府提供紓困的交換條件是，要求投資銀行必須重整為「銀行控股公司」。這表示投資銀行需要像商業銀行那樣，提列大量資金作為「準備金」，以防未來的流動性危機。以前銀行可以拿去投資的資金，現在必須安全存放起來，以備不時之需。

投資銀行才剛剛經歷最糟的估值折扣❶（俗稱「剃頭」〔haircut〕），現在投資剩下的資金時，需要更加謹慎小心。高風險賭注及高風險貸款的時代已經結束了，如今銀行只做最安全的貸款，他們也沒興致創新了。他們認為，當初就是因為創新（開發出太多人交易、但太少人懂的實驗性金融工具）才讓他們陷入麻煩。2008年後，銀行認為，彌補損失的最好方法是只做可靠的傳統業務，迴避任何跟創新沾上邊的東西。

正當矽谷開始探索新興技術如何吸引一般銀行的顧客時，華爾街把焦點轉到了其他地方：自己身上。

---

❶ 一般是指債主在借債一方無力還債時，在借債方債務重組過程中要接受的折讓和損失。

此時，LendingClub正好可以同時為借款人與投資人填補空缺：一邊是再也沒辦法獲得銀行貸款的借款人，另一邊則是渴望投資報酬率比0%存款利率更好的投資人。2009年，LendingClub的投資報酬率超過美國公債、定期存單、S&P 500指數、納斯達克指數，而且很多人都注意到它了。

事實證明，P2P貸款是可靠的賺錢方式。投資者（散戶，但也有養老基金、資產管理公司等機構投資者）把越來越多的資金投入LendingClub。2010年，該公司發放了2,500多筆貸款，價值逾1.26億美元。翌年，那些數字躍升至2萬1,721筆貸款及2.57億美元。再下一年，數字又翻了一倍以上，變成5萬3,367筆貸款，價值近7.18億美元。[5]

其他的P2P公司紛紛出現，為貸款市場的不同領域提供服務。例如：專做學貸的SoFi、專做小企業貸款的Kabbage、專做房貸的PeerStreet。2018年，美國的P2P貸款業總計創造了30億美元以上的營收。

這個在2006年還不存在的產業，已經變成全球經濟的重要組成。

全球最有權勢的女人與借貸獨角獸

凱瑟琳・佩翠莉亞（Kathryn Petralia）想當英文教授，卻成了全球最有權勢的女性之一（《富比士》的評選）。[6]

她是頂尖FinTech借貸公司Kabbage的共同創辦人兼營運長，該公司成立於2008年，目前市值逾12億美元。[7]

　　Kabbage的業務是提供迅速又簡單的小額商業貸款，最高貸款金額是25萬美元。小企業一般是依賴貸款與信用額度來獲得「營運資金」，亦即他們在等候收款時，用來購買存貨、支付薪資、投資事業成長的現金。如果沒有流動性，任何企業都很難維持營運。

　　但銀行很難從小企業貸款中賺錢，最大原因在於文書過程過於繁複。畢竟，審查企業、判斷它是否值得信賴，確定每筆貸款的風險等等都需要時間。銀行認為，把這些時間用來為更大的企業提供金額更高、獲利更好的貸款比較划算。所以，小企業即使信譽良好，大多也得不到銀行的服務。[8]

　　這創造出市場上未滿足的需求，創業者喜歡稱之為「白地」（white space），這正是Kabbage亟欲服務的市場。

　　任何類型的小企業都可能需要借錢，但Kabbage剛推出時，它專門鎖定一種小企業：eBay的賣家。佩翠莉亞表示：「在本來就缺乏銀行服務的市場中，這是裡面一個更缺乏銀行服務的小市場。」

　　原因在於資料。2008年，eBay努力掃蕩平台上的仿冒與詐騙案，並開發了軟體，讓第三方可以查看賣家的即時交易資料，像是查看賣家在eBay上銷售多久了、有多少滿意或不滿意的顧客、業績成長與衰退等。而eBay發布這些資

料，是為了幫買家評估向任何賣家購買商品的風險。

Kabbage的創辦人看到這些豐富的資料時，不禁思考他

解讀者：凱瑟琳・佩翠莉亞

們能否再更進一步：他們能不能拿eBay的資料來評估放款給這些賣家的風險？他們能不能把eBay的資料輸入演算法中，讓演算法自動判斷這些事業的信譽，並開始對他們放款？

事實證明，他們確實可以這樣做。

佩翠莉亞指出：「正因為有那些資料，我們才能為這群以前無法服務的客群提供服務。」

不過，搞清楚如何運用那些資料並不容易。儘管Kabbage可以取得那些小事業在eBay上的完整記錄，那些資料並無法清楚顯示哪些業者有能力償債，哪些業者無力償債。當時還沒有模型把eBay賣家的資料轉換成信用衡量標準，Kabbage必須從頭開始建立模型。

佩翠莉亞解釋，為了建模，你需要「讓很多人欠錢不還」。Kabbage早年對於誰會還款、誰不會還款，只能做有根據的猜測。「我們第一個模型是個簡單的公式，連我這種英語系畢業的人也能寫出來。」

Kabbage團隊借出了錢，就等著看他們的猜測有多準。每次有賣家無法還款時，他們就知道自己猜錯了，但每筆壞帳都代表新的資料，而新的資料都是新的學習機會。「你想建立風險模型，就一定會遇到一些壞帳。於是，你根據風險去調整定價，然後繼續運作，久而久之就會看到績效改善。」她說：「就這樣，一切就是那麼簡單。」

不久，Kabbage建好了模型，讓公司可以向eBay賣家提供獲利不錯的貸款。這些賣家可說是市場上規模最小、最不穩定、最難預測的事業。佩翠莉亞笑著說：「如果你可以靠eBay賣家這樣的投資組合獲利，其實你幾乎可以做任何生意了。」

　　從那時起，Kabbage開始擴大客群，納入亞馬遜上的商家，後來也納入實體店家。每次Kabbage增添一組新客群，就會增加新的資料集。那些新資料可以促成更好的模型設計。「現在我們有各種機器學習系統及一群資料科學家，來持續精進模型。這可以幫我們進軍新的市場及提供更好的定價。我們的定價肯定對顧客有利，那是你看到所有分析技巧展現成果的地方。」

　　這些資料建模讓Kabbage發現一些驚人的事實。「社交資料比信用資料更有預測性。」佩翠莉亞說：「我們的顧客使用臉書的方式，就像大企業使用Salesforce一樣，他們把臉書當成顧客關係工具，利用社群媒體來傳達產品資訊、促銷、解決糾紛，所以那是在衡量互動程度。而缺乏活動可能是負面的，大量活動也許是正面的。我永遠不會只看臉書的資料做決定，但我們根據資料建立的獨立臉書模型，比獨立FICO模型更有預測性。」

　　有時機器學習系統找出的型態很容易了解，有時則不易了解。「我們建了比FICO更有預測性的UPS模型，結果發現

一件有趣的事情：那些銷貨到加州的賣家，比沒有銷貨到加州的賣家更好，箇中原因可能有八千萬個吧。」

　　資料不會說謊，但資料也不會透露完整的實情。「你會想要知道為什麼。但放任機器在沒有監督下去完成所有工作會出問題。你需要一個人，幫你把看到的結果與實際的原因對應起來。最終這還是需要真人來做。」她的語氣很像英語系畢業的，「你需要去解讀才會了解。」

　　讓機器做一些工作，使Kabbage可以把許多流程自動化。比方說，Kabbage的顧客大多在十分鐘內，就會獲得貸款批准並取得資金。這種自動化減少了Kabbage的管理成本，讓它可以做銀行無法做或不願做的事情，即從小企業貸款中賺取可觀的利潤。

金融與科技的激烈碰撞

　　但P2P貸款業是否做到了當初的承諾？

　　在利率處於歷史低檔的那幾年，它確實為投資者與借款者帶來了更好的利率。

　　但是為了確保那麼高的報酬率，多數P2P貸款業者只收最安全的借款人，例如LendingClub拒絕了80％至90％的貸款申請者，[9] 其顧客的平均FICO評分是700分左右，但這些人其

實可以在其他地方取得貸款。與此同時,信用不佳的人,亦即那些得不到銀行服務、可能從其他貸款形式獲益最多的人,則很難向LendingClub與其他P2P貸款業者求助。

隨著LendingClub吸引更多的機構投資者,它也進一步偏離了最初的「社交借貸」概念。2007年,LendingClub可能是張三借錢給李四的地方。現在它比較像是H2P,而不是P2P:一個避險基金與銀行可以投資低風險、高收益證券的地方。而該公司的董事會成員包括前財政部長賴瑞・薩默斯(Larry Summers)、摩根士丹利前執行長麥晉桁(John Mack)、Visa前總裁漢斯・莫里斯(Hans Morris)。它的企業文化顯然變得更偏向Fin,而不是Tech。

2016年5月,LendingClub的董事會宣布他們「接受拉普蘭切辭去董事長兼執行長的職務」時,[10] 金融與科技這兩種文化發生了激烈的碰撞。

那個決定發生的情境有點錯綜複雜。就在公布季度收益報告的前幾天,拉普蘭切親自啟動的內部調查,發現了幾項驚動董事會的違規行為。第一,LendingClub向投資銀行傑富瑞(Jefferies)出售了2,200萬美元的貸款,儘管那些貸款並不符合銀行要求的規格。董事會在聲明中指出:「這筆2,200萬美元的貸款銷售,對財務的影響微乎其微。」但由於當時正值財報公布前夕,他們希望避免出現任何看似違規的行為,「但董事會無法接受違反本公司商業實務的事情,而且審查過程並未

充分揭露。」[11]

那個內部調查也提醒董事會，拉普蘭切投資了Cirrix Capital基金。該基金擁有1.145億美元的LendingClub貸款。即使拉普蘭切已經向公司內部的適當管道披露了那筆投資，但一些董事仍對該調查結果感到訝異，並聲稱他沒有充分揭露那筆投資。LendingClub的董事會擔心這行為看起來不當，因此決定，為了公司的利益，公司的創辦人應該辭職。

拉普蘭切表示，那事件「令人極度沮喪又失望」，主要是「錯誤及溝通不良」造成的。

祖克柏自創了一句格言，以描述臉書及矽谷的多數創新：「快速行動、打破陳規。」這句格言是這十年許多FinTech背後的驅動力：嘗試從未做過的事情，看效果如何，並在出狀況時加以修正。但「快速行動、打破陳規」是銀行監管機關所深惡痛絕的，他們的職責就是確保金融體系不會遭到破壞。他們比較喜歡「慢慢來、穩妥行事」，而這種思維已經成為銀行高層文化的一部分，即使是那些離開傳統金融業、加入FinTech公司的高階主管也是如此。

於是，我們回頭來看拉普蘭切說過的話：Fin和Tech之間需要協調。他解釋：「你在受到監管的產業裡創新時，你面臨的規則並不適用於你正在做的事情。那些規則是用來規範全然不同的東西，而你正在做的事情以前根本不存在。所以，那就好像把方樁硬塞進圓洞那樣格格不入。」

他擔任LendingClub執行長的最後一個週末，似乎就是發生了這樣的事情。「他們在一時衝動下，做了連串的決定。我認為他們用錯了架構，他們不是用創新架構來解題。應用創新架構是這樣的：『哎呀，我們弄壞東西了，趕快把它修好。』然後確保下次別再犯同樣的錯誤。相反的，他們是運用銀行監管機構及華爾街的架構，去尋找詐欺與利益衝突。我覺得這件事根本沒有詐欺與利益衝突的問題。」

在LendingClub宣布拉普蘭切辭職幾天後，證管會開始調查連串的事件。拉普蘭切最終與證管會達成和解，既不承認也不否認有任何不當行為。他在一份聲明中表示：「我很高興，現在我們可以把這些議題拋諸腦後，專注在更重要的目標上：為消費者提供更負擔得起的信貸。」[12]

他繼續前進的方式是，創立新的線上貸款公司，名為Upgrade。「我們有一長串的事情是我們以前說過，如果事業可以重新來過，我們會採用不同的作法。那些是過去十年累積的經驗教訓，以及我們從投資者、借款者、合作夥伴獲得的所有意見回饋。那些東西很多，多到我們認為值得從頭打造一個新平台。」

矽谷可能會把它視為「2.0版」。

許多LendingClub的最初支持者，都欣然加入支持這個新事業的行列：Upgrade的首輪融資6,000萬美元，創下美國FinTech新創公司最高額的融資記錄。值得注意的是，第一家

從 Upgrade 購買貸款的公司，正是投資銀行傑富瑞。當初就是因為它買了問題貸款，導致拉普蘭切被迫離開 LendingClub。

如今，拉普蘭切更敏銳地注意到西岸創新者與金融監管機構之間的文化差異。「在 Upgrade，我們有很好的機會可以拿捏更好的平衡，不僅在人事與文化上如此，在營運原則與流程上也是如此。」

他喜歡快速行動，但這不表示他亟欲打破陳規。「銀行業之所以受到監管，有很充分的理由，所以拿捏平衡真的很重要。很多比較年輕的 FinTech 公司創辦人不見得有我們這種雙重文化，他們似乎低估了監管、法規遵循等方面的重要性。」

平衡創新與監管

「銀行業之所以受到監管，有很充分的理由，所以拿捏平衡真的很重要。很多比較年輕的 FinTech 公司創辦人不見得有我們這種雙重文化，他們似乎低估了監管、法規遵循等方面的重要性。」

對 FinTech 產業的任何人來說，拉普蘭切的經歷都是則警世故事。他說：「我擔心這些問題可能會重演。」

Chapter 3

資料、自動化與理財

這款 app 了解一個人的理財概況後，
內建的人工智慧就會開始發威。

亞倫‧帕澤（Aaron Patzer）25 歲時，決定顛覆一個他未曾想過的產業。

帕澤在杜克大學攻讀了資工、電機、電腦工程等三個學位。大學畢業後，他到普林斯頓大學繼續深造，攻讀工程博士學位。而他遇到桑迪‧弗雷澤（Sandy Fraser）時，已通過資格考（決定學生能否繼續攻讀學位的考試）。

人稱「桑迪」的亞歷山大‧弗雷澤（Alexander G. Fraser）曾是貝爾實驗室（Bell Labs）的首席科學家。那家傳奇的公司發明了電晶體、雷射、Unix 作業系統等許多東西。弗雷澤最近才離開貝爾實驗室，創立弗雷澤研究公司（Fraser Research），他邀請帕澤到他的公司上班。

帕澤收到那份工作邀約，又得知桑迪的精彩人生後，頓時明白他其實不想當學者，而是想創業。於是，他從普林斯頓大學休學，開始轉戰私營部門。他說：「那可能是我做過最好的決定。」

創業對他來說並不陌生。他16歲時就創立了第一家公司，幫客戶架設網站，藉此存錢上大學。他很早就學到經營企業的細節，有時吃足了苦頭才學到教訓：「我把個人財務與企業財務有點混為一談了。」為了更有效地理財，他做了1997年任何精通技術的孩子都有可能做的事情：去店裡買一套Quicken軟體。

Quicken是財捷開發的個人理財軟體，也是第一批消費性FinTech軟體之一（在FinTech這個名稱出現以前，就已經問世的金融科技）。Quicken於1983年首次發布，有兩個各自獨立、完全不相容的版本，一個是為了MS-DOS系統設計（這是在Windows出現以前），另一個是為了Apple II設計（在麥金塔電腦問世以前）。Quicken基本上是試算表，用戶可以輸入及追蹤自己的財務狀況，為不同的類別增添標籤，以更了解自己的消費習慣。

「我很認真地使用這套系統。」帕澤說：「每週日下午，我都會花一小時左右來理財，確保所有帳目都對了。」他堅持這樣做，週復一週，年復一年。就讀大學期間，以及後來在弗雷澤研究公司及IBM任職期間，他都沒中斷過這個習慣。

後來，他到新創企業 Nascentric 上班，突然變得很忙。

「我每週工作八十到一百個小時，大概長達五個月沒打開

自動化大師：亞倫・帕澤

Quicken。」等他終於打開那個軟體並匯入銀行資料時,整個帳本亂得一大糊塗。「我確實可以看到所有的交易,但為了看清楚錢的去向,我不得不坐在那裡,為幾乎每一筆交易分類。」Quicken 有一個功能是為每筆交易指定一個類別(生鮮雜貨、水電費、旅遊等),但它常把交易分到錯誤的類別,導致用戶必須撤銷所有的自動分類,手動重做。

「當時,我大可花一個下午的時間,把交易重新分類,但我採取不同的對策:我創立一家公司,讓個人理財變得更輕鬆省事。」

這就是 Mint.com 背後的創業動力:打造出有別於 Quicken 及 Microsoft Money 的理財產品,不僅容易設定又簡單好用,而且它的自動化功能是真的可以幫用戶省事,不是只承諾它會幫助用戶而已。

2006 年,帕澤開始構思這個概念。首先,他運用理工腦去思考交易類別這個問題,他發現:「使用電話簿可以更精準地分類交易。」他這樣說並沒有諷刺的意思,因為電話簿本質上就是一份早已分門別類的商家清單。「我取得一份有兩千個商家的資料庫,一舉讓分類準確度達到約 90%。」

當時他欠缺的是解題所需的另一半資料:用戶的個人銀行資料。為了讓他的新網站真正發揮效用,他需要讓網站與現實生活的資料接軌,但他不知道該怎麼做到這點。你要怎麼取得銀行專屬的資訊?

銀行不會在客戶沒有授權下就讓你取得客戶資料。所以，如果他想招攬顧客，他需要像財捷那樣獲得顧客的信任，讓顧客主動提供私人帳戶的資訊給他。

　　解決這種信任問題並不容易，但資料本身是另一個更大的問題。相較於資料，帕澤覺得信任問題似乎微不足道。即使他能讓顧客授權他取得銀行帳戶的資訊，他也必須寫一套軟體去擷取那些資料，而且那套軟體可能只對一家銀行有效。2006年，美國有七千多家銀行，其中多數銀行都有自己專屬的軟體系統，每家系統略有不同。1

　　所以，這不是帕澤只需要解決一次的問題，而是需要解決七千多次。

　　想到這裡，他不禁心頭一沉。即使這可能辦到，也需要花數年的時間，甚至需要十年。

　　就在此時，他得知Yodlee。

只要有帳號，Yodlee 就能收集資料

　　帕澤開始構思Mint時，Yodlee已運作快十年了。在網路狂潮的最初幾年，Yodlee的創辦人——范凱‧藍根（Venkat Rangan）、山姆‧伊那拉（Sam Inala）、斯里哈瑞‧桑帕斯‧庫瑪（Srihari Sampath Kumar）、斯瑞蘭加‧拉詹（P. Sreeranga Rajan）、拉瑪克里斯納‧賽亞沃盧（Ramakrishna "Schwark"

Satyavolu）、蘇幸德・辛格（Sukhinder Singh），曾在微軟、亞馬遜等軟體巨擘及學術界工作。他們六人總共發表過八十幾篇論文，擁有三十幾項專利。[2]

1999年，他們聚在一起嘗試不同的東西。

近年來，網際網路已演變成一張包羅廣泛的巨網，從1994年只有不到三千個網站，成長至1999年已有三百多萬個網站。[3] 大家開始依賴數十個網站來獲取日常生活中使用的資訊。Yodlee團隊想打造一個地方，把這些多元又多變的流動資訊匯集於一地。藍根說：「用戶不需要造訪十幾個網站，我們會確保這些網站出現在你面前。」[4]

Yodlee是率先踏入「資料聚合」這個新興領域的業者。

長期擔任Yodlee執行長的阿尼爾・阿羅拉（Anil Arora）指出：「Yodlee真正創新的地方是軟體機器人的概念，那很像Google等搜尋公司所使用的檢索程式（crawl agent），亦即模仿消費者行為的軟體程式。」Yodlee的創辦人研究了數百個網站，以了解資料呈現的方式。接著，他們開發軟體程式，從不同的網站「收集」資料，並把那些資料放在單一的聚合網站上，讓用戶在自訂的個人化網頁上看到相關資訊的彙整。

Yodlee的創辦人辛格說：「那是為了擷取你一切的個資。它會收集你的飛行里程數、帳單、銀行帳戶資訊、你加入的任何會員獎勵方案。只要你開過任一帳號，Yodlee都可以幫你收集起來。」

那效果就像為用戶開發儀表板，讓用戶在網路迷宮中自由地穿梭，變成大家每次打開網路瀏覽器的預設起點。辛格指

連結者：蘇幸德‧辛格

出：「如果雅虎是你獲得所有新聞資訊的來源，Yodlee就是你獲得所有個資的來源，這是Yodlee最初的計畫。」

但那項計畫並未持續太久。

畢竟，教軟體如何從那麼多的來源收集、詮釋、重新顯示那麼多不同類型的資料，是非常勞力密集的工作，本質上利潤並不高。但Yodlee發現，有一個領域想要落實這項技術：金融領域。

辛格說：「VerticalOne是位於亞特蘭大的小型競爭對手，我們知道他們正與花旗集團和財捷洽談，他們想成為花旗與財捷背後的貼牌（white label）聚合器。如果我們不去爭取那項業務，會發生什麼事？假如他們爭取到花旗與財捷的生意，那會變成怎樣？我們是從消費者的角度出發，但他們要是成功了，會變得比我們更有優勢。」

然而，為什麼銀行會找一家公司來收集自家客戶的資料？

銀行資料軍備競賽

截至2000年代初期，銀行早已在電腦技術方面投入大量資金，他們使用訂製的「銀行核心系統」軟體來管理客戶交易已長達三十年。隨著產品與需求的演進，軟體也在發展，銀行（尤其是較大的銀行）都有龐大的電腦工程團隊，年復一年地維護那些複雜老舊的系統。而銀行軟體的任何更新或修改，都

必須在不破壞老舊功能下進行，這導致程式碼變得越來越複雜難懂。電腦工程師持續在軟體上增添補救方案，疊床架屋，導致未來的修改變得更加困難。

簡言之，銀行受困在已有數十年歷史的架構中，而且那個架構變得越來越難用，也越來越難改。

但Yodlee正在開發的技術（抓取網頁及解析其內容的能力），為銀行提供新的開始：銀行不必花大錢大費周章地徹底翻修核心軟體，就可以從雜亂的系統中取得簡明的資料。

「如果銀行想做長期的企業轉型專案，它可以花數億美元去打造聚合系統，把客戶的所有記錄都匯集在一起。」辛格說，「或者，它也可以直接選擇Yodlee，從前端修改就好。如果你能讓消費者把密碼提供給你，那就太棒了，你就可以收集資料。」

Yodlee先與財捷簽約，接著又拿到花旗集團的合約。「我們直接投入市場競爭，**實際上**變成一家做企業生意的公司。」

後來這確實變成一場競賽，因為銀行不止想看到自家系統的客戶銀行資料，也想看到客戶在其他銀行的帳戶資料。

Yodlee的前執行長阿羅拉說：「美國的消費者平均有十四個帳戶。例如，一個活存帳戶、一個儲蓄帳戶、平均有六張信用卡，還有房貸、車貸，並透過401(K)計畫為退休存老本，還有投資帳戶。此外，有了小孩以後，也會開始為孩子存教育基金，諸如此類。你的財務生活是四處分散的零碎資訊。」這

就是弗雷斯特研究公司（Forrester）的分析師所說的「支離破碎的銀行模式」。

究竟是誰的資料？

「美國的消費者平均有十四個帳戶……你的財務生活是四處分散的零碎資訊。」

花旗想更全面地了解客戶的總體財務狀況，這不僅需要從自家網站取得資料，也需要從客戶在其他銀行的帳戶取得資料。辛格表示：「銀行為什麼會想看你在其他地方有什麼帳戶？你知道原因啊，因為理論上，他們要是知道你沒有他家的信用卡，他就會向你推銷。」

但客戶為什麼會把他們在**其他**銀行的帳戶資訊提供給花旗？那可能跟他們讓Yodlee的早期版本取得他們的飛行里程數、帳單、會員獎勵資料的理由一樣。因為把所有的資料集中在一處比較方便。

「那些討厭Yodlee的人會說：『等一下！你竟然要拿走我的客戶資料，把它放到別的地方，那不是違法的嗎？』我們會說：『不，消費者已經簽了這些服務條款。你認為你掌控消費者的資料，但實際上是他們掌控自己的資料，他們將決定他們想把資料彙整在哪個網站上。』如果消費者決定利用花旗的服務來彙整資料，他們輸入密碼並做好設定……不管他們想在哪

裡看到彙整的資料、在任何第三方網站上，都可以。」

花旗認為，取得客戶的其他帳戶資料，最終也對客戶有利。如果你願意讓花旗看到你在其他銀行的所有貸款與信用卡，花旗可以以向你提供更好的貸款與信用卡服務。

「這種開創性的產品有很強的顛覆性。」辛格說，「如果沒有銀行想要這種產品，Yodlee根本不會存在。但只要有一家銀行擁有Yodlee的技術，那就會演變成軍備競賽。因為如果你是花旗，你可以使用資料聚合器來了解客戶與其他銀行的財務關係，美國銀行會認為那是可接受的狀況嗎？不會的。現在美國銀行也需要技術來做同樣的事情。」

因此，Yodlee第一批吸引到的幾百名客戶都是銀行。

不過，後來發現，即使一家銀行**希望**Yodlee取得它的資料，那些資料也有點亂。「那些資料五花八門。」阿羅拉回憶道，「舉一檔股票為例，比方說微軟好了。一家公司可能稱之為Microsoft，另一家公司是使用股票代碼MSFT，第三家公司可能是使用微軟的CUSIP證券識別碼，第四家公司稱之為『MSFT公司』。」

此外，還有量的問題。「當時有數千家銀行，很多銀行有幾十種不同的產品和帳戶類型。大型銀行平均有五六十種不同類型的帳戶。一種是給一般用戶，一種是給高資產的客戶，一種是給私人銀行的客戶，一種是給信用卡用戶，一種是給房貸用戶，一種是給車貸用戶，諸如此類。因此，銀行有數千家，

帳戶與產品類型有數千萬種，我們必須清理所有的資料，把所有的資料標準化。」

這非常費工，所以接下來那四年，Yodlee日以繼夜地開發這套強大的功能，他們變得非常擅長編寫機器人程式，讓那些機器人去抓取銀行的帳戶頁面，並把頁面上的資訊轉換成實用的資料。

接著，發生了一件有趣的事情。

從收集資料，轉變成 API

每一天的每分每秒，Yodlee的軟體機器人都去檢索銀行的網站以收集資料，但這開始對這些網站造成很大的營運負擔。銀行別無選擇，只能不斷擴充其網路流量的承載力，不斷添購及安裝網路伺服器並花錢買更大的頻寬。

由於這些銀行中有許多銀行也是Yodlee的客戶，他們經常與Yodlee討論這個日益嚴重的問題（對網路伺服器的持續消耗以及昂貴的頻寬需求），最終Yodlee提出了不同的解決方案：「為什麼我們不乾脆停止軟體檢索，直接連結你的資料庫？」

在此之前，Yodlee一直是以繞遠路的方式取得顧客資料，從銀行網站的前端（亦即資料顯示的地方）收集資料，而不是直接從資料庫抓資料。

現在它要求銀行讓它從前門長驅直入。

起初，銀行抗拒這個概念。畢竟，讓Yodlee讀取他們給客戶看的網站是一回事，讓Yodlee直接讀取後端的資料庫又是另一回事了。但阿羅拉據理力爭，Yodlee不管用什麼方法，都會持續收集這些資料，況且Yodlee是根據銀行自己簽的合約做這件事，銀行何不乾脆提供更直接的方法讓他們做到這點。

　　因此，Yodlee把大部分的工作從收集資料轉變成「API」。

　　API（亦即「應用程式設計介面」）是一種軟體，它讓一個網站或資料庫可以直接和另一個網站或資料庫互動。使用API直接從銀行取得銀行資料，比Yodlee以前透過檢索程式來擷取資料的方式更快、更有效率，也比較不容易出錯。API讓Yodlee直接從源頭抓資料，就像直接從井裡打水一樣，而不是從老舊生鏽的水龍頭取水。

　　API對FinTech的成長及整個網際網路非常重要，它是讓實用資訊在不同的情境中傳輸及使用的工具，讓遠端網站擷取資料檔或跨不同網站完成交易。

　　不過，Yodlee仍面臨一個問題：每家銀行使用不同的資料系統，每個資料系統都需要特定的API。開發這些API是非常勞力密集的工作。但這時Yodlee已經與銀行建立長期關係了，可以直接與每家銀行合作，以了解每家銀行的系統組成。

　　然而，真正讓銀行答應讓Yodlee直接讀取資料庫的關鍵，是Yodlee向銀行保證，銀行不需要改變內部系統。阿羅拉談到更早之前微軟與財捷曾努力說服銀行分享資料、但失敗的

原因：「微軟與財捷之前的嘗試，是把焦點放在建立標準上。Yodlee則是告訴銀行：『你的系統規格是什麼並不重要，你不需要為了重新設計整個技術系統或資料庫平台而花錢。你給我們任何格式的資料，我們都可以接收。接收各種五花八門的格式與規範，並把它們標準化，這種苦差事全由我們包辦。』」

於是，一家又一家的銀行紛紛首肯，聘請Yodlee來開發API。經過緩慢但勤奮的努力，Yodlee打造出幾乎可以從美國各家銀行擷取顧客資料的工具（必須先取得顧客的許可）。接著，Yodlee重新設定資料格式，加以標準化，以便使用API來聚合與傳輸資料，以及和其他的應用程式共享資料。「2003年左右，它真的開始動起來了。」阿羅拉說，「現在，我們的銀行資料中約有70％至85％來自直接的資料檔。」

Yodlee面臨的複雜資料難題或多或少解決了。

「你解決後端的麻煩時，會發生什麼？若Yodlee這種資料端的服務，讓後端運作變得很容易，會發生什麼？」辛格仔細思考，「所有的創新都移到了前端。」

這時，一家叫Mint.com的新創公司找上了Yodlee。

砍掉重練！但時間只剩半年⋯⋯

傑森・普托蒂（Jason Putorti）第一次聽聞Mint.com是在2006年。當時他剛從匹茲堡搬到灣區，他在咖啡館認識的一

個人給了他一份工作。

那個人是諾亞・凱根（Noah Kagan），他是Mint的第一位行銷長。

「呃，好啊。」普托蒂回應，「也許可以吧。」

普托蒂加入Mint時，帕澤已經把這家新創公司從他的起居室搬到桑尼維爾（Sunnyvale）的一間辦公室。普托蒂成了Mint的第五號員工。「基本上我加入時，根本不知道我要做什麼。」他在匹茲堡時，自己經營一家網頁設計公司，包辦一切（包括設計、寫程式、建立資料庫、製作討論版等等）。「我向帕澤展示以前的作品，他認為我可以做設計，我就成了設計師。」

Mint當時正需要設計師。

自從帕澤發現Yodlee、並取得授權以使用它的銀行資料以後，他就開始研究Mint這個專案中他最擅長的領域：演算法。他編寫程式以處理用戶的資料，把資料分類，並解析資料，以便把資料以他想要的方式呈現在儀表板上。他把系統打造成可以呈現出真實資料的可運作原型，並使用這個原型向潛在的投資者演示Mint。

普托蒂回憶道：「但那還是很粗糙的產品，看起來很雜亂，只是『概念驗證』的原型。」帕澤請他幫網站「設計外皮（skin，亦即外觀）」，「讓它看起來更順眼一點，因為我們知道它那時看起來很亂。」

普托蒂笑著說：「那說法還挺宅的。」

他開始解構原型，從概念上去思考網站的真正目的。那個網站的目的，是最初促使普托蒂決定加入Mint的主因，當時他甚至還不知道自己加入以後的職務是什麼。「我覺得Mint的初衷很有意義，它確實創造出真正的價值，解決了真正的問題。」他希望他的設計可符合Mint的初衷。「如果你無法從根本輕鬆地回答用戶的問題，或沒辦法為用戶提供實際的見解和真正的價值，你其實沒做什麼，對嗎？」

用戶導向的設計

「如果你無法從根本輕鬆地回答用戶的問題，或沒辦法為用戶提供實際的見解和真正的價值，你其實沒做什麼，對嗎？」

但他越深入研究原型，越覺得只做簡單的視覺更新是不夠的。

普托蒂知道：「把所有的銀行帳戶加總起來很重要。」因此，Mint面臨的第一個挑戰，是說服用戶輸入個人私密的銀行資訊。只要他們輸入資料，就可以輕易看到Mint的價值。但是，Mint要是無法說服用戶輸入他們的資訊，就永遠發揮不了作用。

Mint要如何獲得用戶的信任？

「信任來自許多不同的地方。」普托蒂說,「第一是品牌。你去花旗的網站,心想:『好,我知道花旗,他們已經營運一百年了。』但我們沒有那種資產,沒有百年老字號當靠山,所以大家往往會憑外觀來判斷可信度與專業性。」

但2007年普托蒂設計Mint時,老字號銀行的品牌已經不是「信任」的同義詞了,那時正值次貸危機開始發酵。同年夏天,當時仍默默無聞的哈佛大學法學教授伊莉莎白·華倫發表了一篇報告,主張美國需要「消費者金融保護局」,來打擊金融業中一些猖獗的掠奪性行為。當大家開始信任亞馬遜、LinkedIn、臉書等公司,他們對那些百年老字號銀行的看法也正在改變。

這為剛成立不久、標榜風格討喜且大眾能接受的設計的新創科技公司,創造了真正的機會。普托蒂根本不可能知道即將發生的事情,像是金融業的崩解、政府的紓困計畫、一般人對銀行體系徹底喪失信任。但他知道Mint的網頁設計需要傳達什麼感覺:把銀行乾淨俐落的專業感,以及更友善、更親切、更人性化的美學結合在一起。

這不單只是設計「外皮」,而是徹底的重新設計。

於是,他回頭說服團隊,說他們需要重新打造整個使用者介面。這是很大的要求,因為Mint原本排定在TechCrunch40舉辦時推出。TechCrunch40是一場由七百家新創公司競爭最高獎金5萬美元的競賽,預計在9月舉行。普托蒂向團隊提出重

新設計的要求時已是3月。這表示他們只剩半年的時間，為Mint設計一套視覺形象、一個新介面，以及讓這一切順利運作的程式碼。

但帕澤看得出來普托蒂了解Mint的真實意圖，批准他重頭開始設計。

普托蒂從綠色開始著手。原型是以深綠色為基礎，亦即美元的顏色。普托蒂知道那感覺不太對勁。「其實我很討厭綠色，森林綠讓我頓時失去了興趣。所以，我想，好吧，我們應該把顏色變淡一點，更平易近人一點。我做了很多修圖，讓整個介面感覺更清新一些。」經過反覆嘗試，他找到一種他喜歡的色調，並以它作為Mint新視覺形象的核心。

接著，他開始處理使用者介面。「使用者介面應該讓用戶在一開始設定時，就想一次加入多張卡片，否則那會讓用戶等太久，因不耐煩而離開。設定系統時，只要出現任何阻力，都會使人離開。所以，讓人快速完成系統設定，可能是最重要的設計挑戰。」

這其中有一些問題需要從工程面解決，例如網站的架構需要讓用戶一次添加多個帳戶。但設計面也需要讓用戶知道，這是一個選項，並非必要。

「我想出一個概念：一張可點擊的卡片，它會一直鼓勵你添加更多的卡片。網頁上有一堆卡片的空位，上面以很大的文字寫著：『點我，點擊這個，點擊那個。』這樣一來，大家就

會一直點擊輸入，他們最終會明白你可以在同一時間做很多事情。」

他以這種方式翻修整個網站，試圖預測及解決各種用戶需求與阻力。「其實我們移除的東西比添加的還多。我們的目的是提供一套功能更少、但更淺顯易懂的系統。」他以「App思維」來簡化用戶體驗，讓Mint只做好一件事：接受用戶的銀行資訊，並簡明地彙整這些資訊。

風光後，未完成的使命

網站於2007年9月如期推出，成為首屆TechCrunch40活動的一部分。它通過了第一輪比賽，晉級到準決賽（共有五十家公司進入準決賽），最後贏得最大獎，並迅速累積了五萬名新用戶。12月時，用戶數已突破十萬。

Mint在2008年的Finovate大會上演講時（拉普蘭切在那場大會上發布Lending Club，林建也在那場大會上推出Credit Karma），已獲得PCWorld、《個人電腦雜誌》（*PC Magazine*）、威比獎（Webby Awards）、《時代》雜誌（名列「2008年五十個最佳網站」）的好評，並擁有多達五十萬名的用戶。

一年後，也就是2009年9月，財捷（就是當初讓帕澤頭大的Quicken軟體的開發商）以1.7億美元收購Mint.com及其八十五萬人的客群。

「這就是網際網路的運作方式。」辛格指出,「一家新創公司打造出一套簡單的消費者工具,把它放在賞心悅目的前端。我無意貶抑帕澤所做的事情,他打造了**非常**親民的儀表板。理論上,財捷應該自己做那樣的東西嗎?那當然。遺憾的是,這就是網際網路的歷史:該做那個東西的人(那些大公司)沒有做。結果,出現一家沒多少技術的新創企業,做出了大公司原本該做的東西,接著新創公司再憑著那項能力被收購。」她補充說,「但大公司收購了以後,通常就把那個服務收掉了。」

普托蒂似乎也同意這個說法,他指出:「2006年FinTech的局勢很慘澹,所以我們要脫穎而出並不難,但Mint可以說在基本見解那個階段就已經死了。在那個階段,Mint把所有的東西整合到一個使用介面中,顯示數字,把帳目變得非常簡單。我們的產品賣得很快,但從未真正達到『讓大家變得更聰明、教大家以前不知道的事情』那樣的里程碑。也就是說,我們並沒有幫大家做更好的未來決定、做更好的規劃、了解行為的後果。」

競爭對手馬克・海倫德(Marc Hedlund)也得出類似的結論(他是Wesabe的開發者,Wesabe於2010年終止服務):「我絕對不是毫無偏見的觀察者,但我覺得,根本沒有人幫消費者解決理財問題,大家只碰到皮毛而已。」[5]

如今歸屬在財捷旗下的Mint,聲稱有兩千多萬個用戶。

但Mint的承諾，以及它如果真的變成更有智慧的推薦引擎所能達到的目標，從未實現。普托蒂認為：「它基本上已經死了。」

但個人理財軟體的演進，並未因為Mint的停滯而結束。

趕緊設計一款理財 app，免得被科技顛覆了

亞當·戴爾（Adam Dell）沒想到自己會在高盛工作。他不是銀行家，也覺得自己不是銀行家，而且大多時候，他的穿著打扮也不像銀行家。牛仔褲配羅紋毛衣，寬闊的胸膛，黑白相間的粗獷鬍鬚，使他看起來更像是蠻荒林地的伐木工人與斯多噶學派哲學家的混合體。

儘管如此，命運的曲折發展，使他如今在全球最頂尖的銀行裡擔任合夥人。

他不只是非典型的銀行家，在他所處的另一個世界裡（名人八卦專欄的世界），他也同樣顯得格格不入。而他之所以受到八卦小報的關注，是因為八卦小報覺得有一些事情令他們深深著迷。他知道，那不是因為他是個成功的創投業者（他投資了五十幾家公司，包括：Hotjobs.com、Connectify、Ingenio、OpenTable），也不是因為他的哥哥，另一個戴爾，那個創立戴爾電腦公司並成為全球富豪的麥可·戴爾（Michael Dell），留下的超長影子讓他躲也躲不掉。

那些都不是原因，八卦專欄作家之所以對他感興趣，是因為他與名廚、模特兒、作家兼女演員帕德瑪‧拉克希米（Padma

創投業者：亞當‧戴爾

Lakshmi）多年來分分合合的關係。八卦小報以「拉克希米孩子的爹」來稱呼原本嚴肅的戴爾。[6]

命運的發展確實曲折。

多年來，戴爾一直使用Mint來管理個人財務，但最終這款軟體還是令他失望。他對Mint的不滿與海倫德如出一轍：Mint根本什麼也沒**做**。

「它其實只是顯示你過往記錄的儀表板，並沒有幫你思考你該做什麼決定，以及那些決定可能對你的財務狀況產生什麼影響。」那個軟體擅長製作圓餅圖以顯示你怎麼花錢，但是對於改善你的財務狀況沒什麼幫助。

長期投身創投業的經驗，使他學會以非常具體的方式看世界：「我看一個產業時，會想到技術會帶來哪些無可避免的改變。我會想辦法讓眼界超前四、五年，在我認為市場可能發展的領域提早插旗，先馳得點。」

放眼未來

「我看一個產業時，會想到技術會帶來哪些無可避免的改變。我會想辦法讓眼界超前四、五年，在我認為市場可能發展的領域提早插旗，先馳得點。」

戴爾預期，一些必然會發生的技術進步將會顛覆金融界，而且他覺得Mint並未準備好迎接那些技術轉變。

所以他決定自己去插旗。

創投的漫長賭注

　　創投業者是企業的早期投資者。有些是個人（所謂的「天使投資者」），把私人資金投入風險事業，但更常見的是代表創投公司，把來自養老基金、保險公司或捐贈基金的大筆資金投入風險事業。

　　創投業者做這些投資時，通常可以換取那些新興事業的可觀股份。一旦這些新興事業壯大及產生盈利，他們才能從投資中獲得報酬。

　　創投業者的投資報酬率通常比其他類型的投資者高，但這表示他們必須做風險較高的投資，以期獲得較高的收益。但這可能是一場漫長的投注。例如，2004年彼得·提爾成為臉書的第一位天使投資者時，他投資50萬美元以換取臉書10.2％的股份。到了2012年，提爾第一次出售部分持股時，臉書的市值約為1,000億美元，那使提爾當時的持股價值高達102億美元，投資報酬率極好。（但提爾後來是以低很多的價格，出售多數的臉書持股。）

　　創投業者獲得報酬的方式通常有兩種。如果他投資的新創公司被大公司收購，新創公司的持股者是按持股比例來分配出售所得。創投業者獲得投資報酬的另一種方式是出售持

股，這種情況通常是發生在那家公司首次公開發行股票（IPO）期間。IPO是公司股東第一次在公開市場上出售股份的機會。

　　戴爾第一個預期必然會發生的技術進步，是移動裝置的崛起。他說：「大家開始用智慧型手機做重要的經濟決定。」他舉Rocket Mortgage為例。Rocket Mortgage是完全數位化的抵押貸款機構，借款人只要點選手機上的按鍵，就可以簽訂三十年期的房貸合約。「手機的使用發生了真正的轉變，大家開始把手機視為他們理財的媒介。」

　　第二，他認為大家會開始希望能夠透過app採取行動。「我告訴你每個月存錢多好是一回事，但我給你一個按鈕，讓你按下去就能存錢，是另一回事。」Mint為用戶提供清楚的個人財務狀況，那確實不錯，完美地實現了皮爾遜法則（Pearson's Law），那個法則是說：「衡量績效，績效就會進步。」Mint只要衡量用戶的消費模式、並把衡量結果回饋給他們，就可以促使用戶改善行為。

　　但是，如果能設計一款app，讓人積極地改善個人理財，且能提出建議並提供適當的資源，那會更好。

　　戴爾預期必然會發生的第三個技術進步是人工智慧。「在機器學習的世界裡，亞馬遜知道你想買什麼，Netflix曉得你想看什麼，消費者會開始預期數位助理引導他們做金融選擇，而

且那些數位助理將成為他們的支持者，站在消費者那邊，為他們分析個人的財務狀況，辨識那些最符合消費者利益、而不是銀行利益的見解與建議。」

於是，他著手創造他想像中的「個人理財」（personal finance management，PFM）軟體的未來：一個整合行動裝置、採取行動的能力，以及使用人工智慧來捍衛消費者權益的平台。

結果就是他命名為Clarity Money的app。

戴爾是從做研究開始著手，他先找上這個領域的專家，例如Mint的設計師普托蒂、BillGuard的創辦人之一亞榮·沙米德（Yaron Samid）。BillGuard是一款掃描用戶的信用卡交易，以偵測可能的帳單錯誤和詐欺的app。戴爾從他們那裡學到更多最好的PFM所涉及的決策。

不過，他也徵詢了其他專業人士的建議。Clarity Money的顧問委員會是由三位行為經濟學家所組成：丹·艾瑞利（Dan Ariely）、尼爾·弗格森（Niall Ferguson）、艾瑞克·強森（Eric Johnson）。

行為經濟學是研究人類心理如何影響經濟決策的學科。戴爾投資OpenTable期間，敏銳地注意到行為經濟學的重要性。OpenTable是線上服務，目的是消除預訂餐廳時的阻力。你可能覺得預訂餐廳是很簡單的任務，沒什麼情緒壓力，那你就錯了。事實證明，預訂餐廳的過程會使人過度焦慮，而這種焦慮

大多源於財務問題。

行為經濟學最終成了OpenTable整個事業的核心。

「絕大多數的美國人是活在無力支付帳單的恐懼中。對那些人來說，外出用餐無疑是他們那個月可能享有的最奢侈體驗之一。」

這使得外出用餐變成一種強烈的體驗。「消費者去一家餐廳時，尤其是精緻的餐廳，會感到害怕。『我的預訂還在嗎？他們會把我安排在廚房旁邊的位置嗎？會不會吃太貴？』他們的腦子裡會頓時湧出連串的恐懼。」

OpenTable的設計是為了消除大家的恐懼，它把更多的資訊（因此也代表更多的權力），交給消費者。「在OpenTable，我們非常在乎消費者是否掌握外出用餐的主權。我們會顯示，讓你感到放心的價位選擇有哪些。而把權力交給消費者，是很強大的概念。」從那款app的成功可以看出（2014年以26億美元的價格被收購），它之所以大受歡迎，主要是因為它能解決那些擔憂。

既然消費者與餐廳的服務生或領班交談時，會產生種種擔憂，他們與信用卡公司或銀行經理交談時，那焦慮不是更可怕嗎？

「金錢是很情緒性的東西，它比多數人所想的更攸關情緒。很多人認為金錢反映了自我價值，雖然這不該如此。多數人無法面對這種情緒現實，寧可不去想它。於是，逃避的心態

根深柢固，許多人遲遲不去解決退休問題，沒存老本，也沒設立應急基金。」

想改善財務狀況的消費者可能覺得，取得理財所需的資訊非常困難。「銀行與信用卡公司、保險公司、抵押貸款公司，甚至有線電視公司，都是靠混淆策略蓬勃發展。他們把註銷帳戶變得很難，讓你很難搞清楚信用卡的年利率是多少。你與消費者談論金錢時，會發生兩件事：一、他們覺得你想推銷東西；二、他們有充分的理由相信，情況很快就會變得很複雜。」

戴爾想打造一個幫大家消除理財焦慮的PFM軟體，就像OpenTable幫消費者消除對餐廳的焦慮那樣。他想設計一種體驗，幫大家不僅面對理財恐懼，最終也消除恐懼，並開始覺得自己掌握了理財的主導權。

「我對Clarity有個非常明確的目標，它的名稱就體現了這點。我們想清楚表示，我們站在你這邊。所以Clarity Money是透明、簡單、支持用戶的。我們也知道，只要提供消費者工具，讓他們覺得自己好像有可以幫他們理財的夥伴，那就能幫我們建立信任關係。」

支持
「我們想清楚表示，我們站在你這邊。」

簡單的第一步是存錢。「每個人都知道他應該存錢，但不是每個人都能做到，所以我們知道，我們必須把這件事變得非常簡單，很容易做。」設計這款app時，Clarity的團隊增加了一個按鈕，讓用戶只需點擊幾下，就可以設立一個存款帳戶。接著，他們與Acorns合作。Acorns是一家FinTech公司，讓用戶把簽帳金融卡和信用卡的交易無條件進位成整數，並把消費的餘額存入投資帳戶中。有了這些功能以後，Clarity Money可以在幾分鐘內，讓人從「知道該存錢」變成「真正存錢」。

Clarity幫用戶省錢的另一種方式，是尋找他們可能訂閱的任何東西，並提供一鍵取消訂閱的功能。「訂閱是很煩人的機制。無論你多有錢，幾乎每個人都有一些定期支出是不需要卻沒有取消的。即使你知道你該取消，卻遲遲沒做。」

這款app會掃描用戶的消費史，以辨識重複發生的費用，例如：影音串流平台Hulu、有聲書銷售平台Audible，或一直寄到舊地址的《男士健康》（Men's Health）雜誌，或過去十年因新年新希望、而一時衝動加入的健身房會費。然後，只要按下取消鍵，就可以永遠取消那些經常性的支付。

戴爾說，這個功能除了幫大家省錢以外，也可以讓用戶心理上發生更重要的事情。「這是把主導權交給消費者，讓他們知道自己掌握了理財自主權。你可以告訴我們，你想要什麼、不想要什麼，我們會幫你實現。」

這款app了解一個人的理財概況後，內建的人工智慧就會

開始發威。Clarity使用頻譜分析（spectral analysis）來剖析支出模式，並運用「自然語言處理和異常偵測」（Natural Language Processing and Anomaly Detection）的技術，來更了解用戶的習慣與需求。接著，它會開始像銀行經理那樣，提供理財建議。例如，它可能看到你有三張高利率的信用卡，但你也有很好的FICO分數，它會因此建議你改用利率較低的信用卡。最終，這款app可能會開始提出更精確的理財建議，幫消費者挑選最好的退休投資方式。

戴爾希望PFM能成為改善財務健康的入口，使用它的人可以更了解金融，更清楚自己的消費習慣，也有能力做更好的選擇。「我們的客戶中，有很高的比例開了存款帳戶，開了投資帳戶，買了保險產品或辦了信用卡。」

我們很容易就可以理解，為什麼一個以「支持消費者權益」為主軸的工具會找到忠實的受眾，而且Clarity Money在推出第一年就做到了這點。它是蘋果平台上排名第一的金融app，榮獲蘋果官方的「App上架推薦」，也獲得威比獎的提名。最重要的是，它吸引了上百萬名用戶。

不過，消費者不是唯一注意到這款app的人：Clarity Money推出後，募集了1,450萬美元的新資金。不久，一些大公司也競相與該公司合作，包括PayPal、通訊集團康卡斯特（Comcast）、高盛。

戴爾說：「有趣的是，這三家公司的事業領域截然不

同。」

　　後來，戴爾把Clarity賣給了銀行，但他堅稱，他之所以選擇賣給銀行，不單只是看上錢。他之所以挑上高盛，是因為他想搶在另一個他預期必然會發生的技術之前，超前部署，而且這項技術比Mint.com大得多。

屬於消費者的黃金時代

　　我們現在都知道，銀行已經玩得差不多、快被淘汰了。

　　「網際網路徹底改變了銀行業的利潤架構，這很像亞馬遜對零售業的衝擊。藉由淘汰實體，專注在技術、規模、物流上，就有機會降低成本，把省下來的成本讓利給消費者。」

　　然而，在這個網路主導的去中介化時代，銀行卻依然蓬勃發展。摩根大通執行長傑米・戴蒙（Jamie Dimon）稱這是「銀行業的黃金時代」，是銀行史上最賺錢的時期。

　　但戴爾對這個「黃金時代」的看法沒那麼樂觀。

　　「我們處於零息環境已近十年了。你想想，銀行在消費者借錢時收取很高的利率，但給消費者的儲蓄很少的利息，他們每年向消費者收取150美元的帳戶管理費，但為消費者做的事情很少。」

　　他說，那種黃金時代已經結束了。「我覺得金融服務的數位化勢必會顛覆銀行業，那不是『會不會』顛覆的問題，而是

時間早晚的問題，就看銀行與信用卡公司何時會被那些不靠收取高昂費用盈利的新進業者顛覆。這很簡單：如果你看銀行的利息收入，它在過去二十年間已經減了一半。為了彌補這個缺口，銀行的手續費收入幾乎變成以前的三倍，這是不可能持續下去的。」

然而，他還是把Clarity Money賣給了一家銀行。

「高盛已經預期金融服務業會面臨一場大規模的破壞，他們目前享有異常強大的地位。而且也有極其穩健的資產負債表又深諳金融體系。此外，他們並沒有傳統的消費金融業務，不會侵蝕自己的利潤。」

高盛收購Clarity Money後，把它納入新成立的消費金融事業（名為Marcus），變成該事業的核心。戴爾身為高盛的新合夥人，幫高盛實現了這家新消費金融銀行的願景，亦即以免費、全面透明、真心幫顧客改善理財的精神為基礎。

「如果你覺得你需要借1萬美元，我們會幫助你，但我們也會幫你還清債務。我們這樣做是因為，我們相信，如果我們幫你把事情做好，你會相信Marcus會在理財的路上一路協助你。」

如果銀行業的未來勢必會降低收費、並透過AI來支持消費者，或許銀行業的黃金時代已經結束了，消費者的黃金時代才剛開始。

Chapter **4**

機器的崛起

目標是提供大家平價又精明的理財方式，
而演算法與 AI 是其中的關鍵。

　　一般普遍認為，2008年的金融危機是經濟大蕭條以來，最嚴重的經濟危機。

　　從某些方面來看，其實情況更糟。

　　2008年，股市崩盤使投資人的財富一舉蒸發了6.9兆美元，創下歷史記錄。同年，美國的屋主眼睜睜地看著3.3兆美元的房產價值消失。總計，那相當於10.2兆美元的資產縮水，約是全球GDP的五分之一。[1] 而且，這種損失持續到第二年。2009年，美國城市的房產價值已縮水三分之一，道瓊指數腰斬，失業率加倍至10％。

　　很難找到不受經濟大衰退影響的人。

　　但只要仔細觀察，你會發現每個人受到的衝擊大小不同。

在2007至2009年間，典型美國人（中等收入的美國人）淨資產約縮水28.4％。同一時期，金字塔頂端5％的富人，淨資產損失不到前述的一半：僅12.8％。後續幾年間，這種差距越來越大。羅素・賽奇基金會（Russell Sage Foundation）的一項研究顯示，截至2013年，典型美國人的淨資產縮水了三分之一以上，但同一時期，金字塔頂端5％的富人反而淨資產**成長**了14％。[2]

造成這種情況的最大原因是股市。到了2013年年中，各地的股市指數大多已反彈至經濟衰退前的水準並持續上漲。與此同時，房價與就業復甦的速度緩慢許多。上述情境中的「典型美國人」的大部分財富是綁在房子上，而不是股市上。[3] 隨著房價下跌，他們幾乎沒有錢可以投資。另一方面，過去十年經濟復甦的主要受惠者是「投資階層」（把錢投入股市的人）。

如果更多人有能力投資，市場上漲將可改善更多人的生活。

2008年金融危機剛爆發時，28歲的喬恩・史坦（Jon Stein）開始動手實現這個目標。

從反感到投入的金融「局外人」

史坦原本沒有打算進入投資業。「坦白講，我對金融服務業很反感，覺得那是噁心的產業。」他上大學時，原本想當記

者。「我覺得我有寫作技巧，能寫技術性的東西，可以講其他人可能無法描述的故事。那很有趣，也對社會有貢獻。」

追隨需求，而不是熱情

「坦白講，我對金融服務業很反感，覺得那是噁心的產業。」

但有個問題，「我對寫作的喜愛，其實不像我想的那麼強烈。」但他還是想貢獻社會，所以考慮當醫生。「我熱愛科學，也很喜歡助人的滿足感，那聽起像美好的生活，但我不喜歡血。」

史坦畢業時，仍不確定自己想投入哪一行，但他知道他需要一份工作。2003年，他開始在第一曼哈頓顧問集團（First Manhattan Consulting Group）擔任基層顧問，那正好就是金融服務業。「我希望工作可以教我商業的東西，讓我真正努力工作，考驗我的極限。」他說，「我沒料到它竟然為我後來的職涯指引了方向！」

那份顧問工作讓史坦迅速了解銀行與券商，讓他學到很多金融業如何運作的知識。但他可以感覺到自己與同事不一樣。「我有點像局外人，那感覺好像他們讓我加入以了解他們如何運作，但我始終沒有融入，跟他們的想法不太一樣。」

不過，身為顧問，當個局外人可能有幫助：這是為組織帶

來新觀點的好機會。讀大學時，史坦學了很多行為經濟學，他
在金融業看到運用這些知識的好機會。他認為，金融業的人若

投資全民化的倡議者：喬恩・史坦

是更了解顧客的心理，他們更能夠創新，提供全新的服務水準。「我想重新思考這個系統，更全面地修正問題。」

但他的客戶並沒有興趣。「我提出打破常規的想法時，常遭到否決。」顧問公司的一位合夥人甚至把他拉到一邊說：「有些行業靠人賺錢，有些行業靠錢賺錢，我們是靠錢賺錢。所以，把重點放在資產負債表上，別太擔心客戶。」

史坦最近說：「我無意批評，我只是想做不同的事情，我想要真正的創新。我意識到創新不會來自現有的企業，因為他們沒有改變的動力。他們已經把系統弄得很適合他們營運，並在當前的監管環境中充分運用整個系統。」

但他從系統之外，看到這些金融機構所看不見的東西：善用新技術及關注顧客行為，而不是關注資產負債表，可能接觸到那些被排除在投資世界以外的新客群。

「我想要以客為尊的金融服務。」史坦說，「但那還不存在。」

為了幫大家了解為什麼這種服務不存在，我們可以思考一下二十一世紀初的投資世界是如何運作的。

投資世界的真相

除了養老基金以外，投資一直是富人的遊戲，部分原因很明顯：你要有錢，才能投資。三分之一的美國人生活貧困或接

近貧困，40％的美國人說他們沒有足夠的儲蓄，來支應400美元的緊急開支。[4] 當一個人連繳交基本帳單都有困難，光是為了付每個月的房租，就得做一些棘手的決定，所以他們不把錢存入退休帳戶是很容易理解的。

但相較於其他已開發國家的人民，美國人在儲蓄與投資方面又做得特別糟，即使是中產階級也是如此。這有很多原因（包括政策允許大家輕易從退休帳戶提款，社會文化鼓勵炫耀性的消費），但其中包含了一個簡單的現實問題：投資並不容易。

假設你有一點閒錢，你知道懂事的成人該做的事情是，別把賺的每分錢都花掉，所以你打算把一些閒錢存起來。古往今來，把錢藏在床墊下或撲滿都是屢試不爽的存錢法。但是，除了撲滿可能遭竊，床墊可能在火災中燒毀之外，每次你把一筆現金藏起來，都會虧錢。另一方面，美國聯準會的財政政策，是為了把美國經濟維持在2％的穩定通膨率。而他們大致上都有達到這個目標，所以每年你藏起來的現金都會失去2％的購買力。

因此，一般會建議大家把閒錢存入銀行的存款帳戶，這樣不僅可以防止竊盜與火災，還能賺一些利息。畢竟，儲蓄也算是一種投資（回想一下貝禮），但那是非常間接的投資：你把錢交給銀行，銀行把它拿去做有利可圖的投資，再把一小部分的利潤分給你。

這裡的關鍵字是「小」。2008年金融危機後，聯準會一直把利率維持在很低的水準，導致存款帳戶的報酬率降到略高於零，甚至還不到2％的通膨率。這表示，連那些有心把錢存入存款帳戶的人，也會看到財富年年縮水一點。

　　這也是多數認真的投資者尋找其他投資標的的原因，他們想找投資報酬率比通膨率高的東西。傳統上，如果你想找更高的報酬率，你可能會投資股市。

　　那麼，你怎麼投資股市？

　　很久以前，你需要打電話或發電報給經紀人，說你想買股票。但你怎麼挑股票？1792年紐約證交所剛開業時，只有五種股票可以交易，所以投資選擇比較簡單。如今，紐約證交所掛牌交易的股票超過兩千八百檔，選擇變得比較複雜。

　　靠股票賺錢很難，你需要正確判斷一家公司的價值何時遭到低估或高估，而且需要比其他人搶先行動。預測一家規模大到足以在大型證交所上市的公司究竟會上漲、還是下跌，需要自學並持續投入大量的時間。而為了做出正確的決定，你需要對該公司、其競爭對手，以及其國際供應鏈中的所有公司做最新及深入的分析。此外，公司股價可能受到貨幣市場與大宗商品市場的波動、世界各地不斷變化的法律與政策、突發新聞，或更廣泛的總體經濟趨勢的影響，有時甚至還會受到天氣的影響。如果你真的獲得看似有利的資訊，你還需要搶先行動才行：你必須「擊敗市場」。不過，你是和全球公司競爭，那些

公司裡有一大群高薪的分析師，他們比你更擅長研究證券的價值，那你怎麼打敗市場？

況且，投資股票還有風險。如果你把積蓄投入一家糟糕的公司，或投入的時機不對，你可能血本無歸。那還不如不要投資，情況可能更好。

為了幫忙降低這種風險，金融業發明了一些產品，讓投資者不必挑選個股就能投資。比方說，共同基金、指數基金、指數股票型基金（ETF）都是把你的投資分散在多檔證券上。所以，你不是買一百股IBM股票，而是從一百家不同的公司購買一小部分的股權。這樣一來，即使其中一家公司出問題，整筆投資也不會化為烏有。

你可能以為這些基金應該會讓散戶更容易參與市場，但可選擇的基金太多了，光是美國就有近一萬支共同基金，每檔基金的設計略有不同，各有不同的費用、收益、風險、稅賦影響。新手很難或幾乎不可能辨別不同基金的差異。

它們看起來眼花撩亂，這有部分是刻意這樣設計的。

而且，要獲得不偏頗的優質建議很難。

另一方面，散戶若是不聽業界專業人士的建議，獨自挑選基金，通常績效不太好。事實上，S&P 500指數在三十年間上漲了10.35%。而自己挑股票型共同基金的一般投資者，同期的平均收益是3.7%，[5] 僅略高於把錢藏在床墊下。

由於投資如此複雜，財力足夠的人會聘請財富管理經理來

幫他們理財。好的財富管理經理既是帳房、也是顧問。例如：他會評估客戶的長期目標；針對如何達成目標做出明智的決定；選擇要購買什麼資產，比例是多少，像是多少股票、債券、共同基金、指數基金或ETF（或多少加密貨幣），以及投資哪些基金。財富管理經理也會考慮不同帳戶與提領的稅賦影響。市場改變時，他們會調整及再平衡客戶的投資組合，避免承受過度的風險及脫軌。[6]

當然，這種投入與專業知識很昂貴。舉例來說，私人財富管理經理所收取的「年度管理費」，相當於管理資產規模的100個基點（1%）。[7] 1%可能聽起來不多，但積少成多：規模50萬美元的初始投資組合，年度管理費僅5,000美元，但三十年間複利計算的話，你付給財富管理經理的管理費約為75萬美元。

而且，這是無論那些投資是否為客戶賺錢，都得支付的管理費。

由於財富管理經理的收入完全依賴客戶投資（所謂「資產管理規模」）的這個比例，大多數的財富管理經理只和「高淨值人士」合作，並要求最低投資額（通常是10萬美元）。而低於這個門檻的資金都算是零錢，不值得他們勞心費神。（關於最低投資門檻，高盛私人財富管理的最低投資額是1,000萬美元。）

而對想從股市獲利的人來說，那些都是選擇。你可以突破

萬難，自己闖蕩股海，碰碰運氣；或是等到你有額外的10萬美元，聘請財富管理經理來為你代勞。

然而，史坦擔任顧問期間，也得知2000年代中期許多人所不知道的事情。像是：財富管理經理提供給客戶的這些高級服務大多是自動化的。誠如旅行社是第一批使用軟體來預訂機票的人一樣，財富管理經理也是使用軟體來幫他們處理很多理財事宜。

此外，史坦也知道另一件事：許多財富管理經理的投資績效甚至贏不了大盤！

那麼，投資人支付1％的管理費究竟得到了什麼？

如果財富管理經理所用的軟體可以拿來為更廣泛的大眾服務，那會變成怎樣？假如資產配置、再平衡、避稅的流程可以自動化，那就可以擴大規模，為全新的客群開啟投資的大門。畢竟，一家私人財富管理公司可能只服務五十個、一百個或兩百個客戶，但只要軟體設計得宜，就可以為數千、甚至數百萬人投資理財，而且也不需要設定極高的最低投資門檻，因為軟體處理1美元的投資和處理100萬美元的投資一樣好用。8

如果史坦能創造出這樣的東西，那將顛覆整個系統，全面解決問題。

那將使投資變成全民運動。

「柏格的愚念」

大家談論金融科技的卓越創新時，很少人會把「柏格的愚念」（Bogle's Folly）也列入其中。但是，要不是約翰·柏格（John Bogle）和他於1975年的發明，就不可能有後來的機器人理財。

柏格是全球大型投資管理公司先鋒集團（Vanguard Group）的創辦人兼執行長。先鋒最大的業務是共同基金。

共同基金的出現比柏格更早。第一支現代的共同基金設立於1924年，但是在1980年代與90年代才在現代資本市場上流行起來。共同基金背後的理念是這樣：你不是親自投資股票或其他資產，而是把你的資金和其他投資者的資金匯集在一起（那些錢就是所謂的共同基金），一起用來買許多資產，做多角化投資。萬一其中一種資產失去價值，還有其他的資產可以避免血本無歸。共同基金已變成一種非常熱門的投資工具，目前全球約有40兆美元的財富投入共同基金。

每支共同基金所投資的資產都不一樣。這點激發了柏格與眾不同的巧思。

畢竟，主動積極管理共同基金的資產，是非常繁重的工作。而基金經理為了盡量提高基金的報酬率，可能把所有的時間都花在研究與再平衡、交易及產生經常性的費用上。但柏格認為，即使投入那麼多心血，許多基金的表現還是贏不

了大盤。所以，他不禁心想，如果有一支基金完全跟著S&P 500指數運作（亦即一支由那五百家公司的股票所組成的基

被動投資者：約翰‧柏格

金），那會變成怎樣？那麼，根據定義，那支基金的價值會跟著S&P 500指數等比例成長，績效總是跟S&P 500指數一樣，但它幾乎不需要持續的管理。

這就是「被動投資」的開始。1975年12月31日，柏格把這個概念付諸實踐，推出「第一指數投資信託」（First Index Investment Trust），那是全球第一支指數共同基金（簡稱為「指數基金」）。

柏格那個年代的人認為，那是很糟糕的概念。這個世界上，為什麼會有人只想要績效跟上大盤，而不是努力超越大盤？他們說，這種概念「很不美國」，是「逃避的藉口」，是在「追求平庸」。一位競爭對手寫道：「誰想讓醫術普通的外科醫生動手術，誰想聘請能力普通的律師，誰想當績效普通的證券經紀人，或是表現普通？」[9] 柏格原本希望為這支基金募集1.5億美元的資金，但只募到1,100萬美元，有人因此戲稱那支基金是「柏格的愚念」。

經過幾年，再加上股市反轉後，柏格的概念才獲得證實。競爭對手嘲笑他的基金報酬「普通」，但長期來看，「普通」的報酬其實相當不錯。事實上，普通報酬比主動管理的績效更好。因為財富經理的情緒化、一時反應、不一致的決定，往往左右了積極管理的績效。但誰想讓情緒化、反應衝動、反覆無常的外科醫生動手術？沒有人吧。此外，如果又考慮到主動管理的成本較高，被動指數基金的優勢就更明顯

了。

那支基金後來更名為先鋒標普500指數基金（Vanguard 500 Index Fund），如今是全球最大的共同基金，資產超過2,920億美元。現在大家認為指數基金是長期投資的核心標的。2006年以來，主動型投資者已經從主動型共同基金贖走1.2兆美元，有更多的資金（1.4兆美元）流入被動指數基金。[10]

被動財富管理與指數基金，正是讓Betterment這種app能夠橫空出世的主因。

無錢、無資源、崩盤，那些創業的鳥事

史坦決定，他想打造一個運用技術來幫一般人做良好投資的東西。但除此之外，他不知道該從哪裡著手。「我不確定我想打造什麼樣的公司，不過我已經想好公司名稱了：Betterment（意指更好），我知道我們想讓金融服務變得更好，但是我不知道那究竟是一家銀行、一支共同基金、一家券商，還是一家投資顧問公司。其實，當時我希望Betterment都不是扮演那些角色，我希望它是截然不同的全新東西。」

身為原本想從事新聞業、後來改讀醫學預科的畢業生，如今又想投入金融軟體業，他做了任何認真想轉換跑道的人都會做的事情：讀了四十本有關證券業規範的書，攻讀MBA，並

努力取得特許金融分析師（CFA）的資格認證。他說：「哦，對了，我還自學程式設計。」

那些研究讓他學到一件重要的事情：一般人其實不擅長投資，會有情緒反應，導致他們在市場上做出不理性的決定。那些衝動殺進殺出市場的人，不僅無法獲得長期收益，還得承受浪費時間、多繳稅、徒增交易費等額外的懲罰。如果他們不窮忙瞎搞，而是設好目標，投資指數基金，被動地讓資金自己運作，幾乎都可以獲得更好的報酬。

這成了Betterment背後的投資理念。

現在史坦只需要把這個系統打造出來就好了。

整個2007年，他日以繼夜地投入開發。「當時我還在攻讀MBA，我利用晚上、週末，以及研一升研二的暑假編寫程式。我不像同學都去企業實習了，而是專注在自己的事業上。我打造了網站的前端，以便展示概念。接著，我開始打造一些後端的交易系統。糗的是，當時我還真的以為，我可以獨自打造整套系統。我想要那個產品，所以我打算把它開發出來，讓它上市。」

但是升上研究所二年級後，他開始認清現實：組一支團隊對他比較好。於是，他找以前的牌搭子伊萊‧布洛弗曼（Eli Broverman）來共進午餐，跟他描述自己的概念。隔週，布洛弗曼去了史坦家，拿了那四十本有關證券法規的書，加入了Betterment。

史坦的室友尚恩‧歐文（Sean Owen）也加入團隊。史坦如此描述歐文：「他是Google的軟體工程師，SAT 1600分，GMAT 800分，哈佛大學資工碩士，是個優秀的工程師，甚至稱得上是軟體大神。」他心想：「如果我能讓歐文對這件事情感到振奮，那表示那個概念挺讚的。」

歐文為Betterment帶來了很多東西，其一是工作方法。2008年，程式設計師開始採用簡潔的軟體開發新技術，稱為「敏捷」開發（Agile）。敏捷開發主張漸進、反覆的開發方式：團隊一起設定可實現的簡單目標，朝目標打造系統，接著再聚在一起規劃下一個進程，如此反覆推進。這些向前推進的小步驟，讓開發人員在尚未往某個方向投入太深以前，可以即時調適，而且頻繁的檢驗（所謂的Scrum）讓他們有機會互相幫忙，並從彼此的錯誤中學習。

敏捷開發法最早是2001年提出的，往後十年間日益流行，並對FinTech的發展產生重大的影響。因為以這種短時間衝刺的方式來開發app，讓成長中的新創企業比老字號銀行內的大型軟體團隊，更能迅速因應新興趨勢與顧客需求。

敏捷開發無疑影響了Betterment的發展。「歐文認為，我們應該打造一個最簡單的app，一次就開發出來，把關鍵軸心建好，然後再添加其他東西。」於是，簡單變成他們的指導原則。或者，至少要讓用戶覺得簡單好用，即使系統背後的運作並不簡單。

「我對於我想打造的東西，有一套自己的概念。當時，那個概念還很原始：我想打造先鋒集團那種投資效率。」亦即一家頂尖的財富管理公司，「加上 ING Direct 那種簡便的用戶體驗。」ING Direct 是以簡潔好用的網站而聞名的線上銀行。「而這兩種概念的結合在簡單的滑桿介面上實現了，無論你想偏重債券投資，還是偏重股票投資。接著，在某時間範圍內，你可以預測出預期的報酬，一個是投資好的情況，一個是不好的情況。這可與顧客做簡單的溝通。」

　　然而，介面看起來很簡單，並不表示背後的程式碼很簡單，其實正好相反。史坦說：「那是龐大的工程，而且花了好幾年的時間。2008 年我們已經知道要打造什麼產品並著手開發，但是到了 2010 年，我們才具備需要的一切。」

　　而且，取得資金幾乎是不可能的事，投資者根本不知道該怎麼看待 Betterment。2008 年，市場上並沒有類似的東西，那時連 FinTech 這個字眼都不存在，更不可能是創投業的流行語彙。那時 Mint.com 才剛上線，但它只不過是大家眼中的新奇事物罷了。誰會用手機做理財決策，尤其是長期投資的決策？史坦的商業背景也讓人不太放心。「我之前沒有任何創業或科技公司的經驗，所以誰會相信我呢？我只是一個對投資抱有瘋狂概念的顧問罷了。」

　　Betterment 一度經營得非常拮据，史坦不僅得要求員工減薪，還得要求他們出資入股，以增加公司的現金流。

驚人的是，大家竟然都照辦了。他回憶道：「每個人都深信我們正在做的事情。」

市場崩盤也產生了影響。他說：「當時很多人說：『別做這件事，現在根本不是創辦金融服務公司的時機，你腦袋究竟在想什麼？』而且他們確實反映了多數人的想法。」雷曼兄弟倒閉後，道瓊指數已連續下挫一年半，大家的財富大幅縮水，十分之一的美國人失去工作。這時並不是叫消費者思考建立投資組合的理想時機。

但是，就某些方面來說，金融危機也成了推出Betterment的絕佳時機。「大家對大型金融公司失去了信心，失去了信任。」史坦說，「那促使很多人開始尋找替代方案。」當時，銀行以驚人的方式破產。即使政府挹注了近1兆美元的紓困資金，還是有一百六十五家銀行破產，需要聯邦存款保險公司介入，以保帳存戶的存款。[11] 蓋洛普的資料顯示，大家對銀行的信任度降至歷史低點，從50%以上降至2010年的18.1%。[12]

不過，儘管大家對銀行的信任減少了，但大家與科技公司之間的關係變得更加深厚。2010年2月，臉書的用戶數突破四億，全球賣出上億支iPhone，以前大家不太敢和科技公司分享個資，但這時大家對個資的擔憂正逐漸消散。大家開始覺得，銀行差點害死我們，但科技公司救了我們一命。

所以，相信一個FinTech app又何妨？

史坦說，金融危機也使他的思維產生類似的變化。「以前

我總是以又敬又畏的態度望著華爾街。『哇，那些人都好精明喔！』現在我還是覺得他們很精明，但我知道他們和我一樣容易犯錯。」這番領悟給了他繼續前進的信心。「我在這方面可以做得跟任何人一樣好，所以我不妨試試看。」

從差點開天窗，到成為「最大顛覆者」

2010年，Betterment從五百個申請者中脫穎而出，獲得在紐約的TechCrunch Disrupt上發布產品的機會。那是一場匯集軟體公司與投資者的全球科技新創盛會，為期三天。而且，那不僅是向與會者展現產品的大好機會，也可以向兩萬名左右的直播觀眾宣傳產品，可說是史坦與團隊夢寐以求的宣傳良機，畢竟那遠遠超出他們能負擔的財力範圍。

問題是，他們還沒準備好。

他說：「我們還卡在最後關頭，仍在測試基本功能。」正式上線的兩週前，團隊發現一些贖回交易並未處理。大家可以把錢投入Betterment，但是萬一錢無法贖回，這項app肯定會引爆民怨。於是，團隊花了幾週的時間以修復、測試、解決這個問題。

此外，還有主管機關需要應付。還記得史坦與布洛弗曼讀過四十本法規書籍嗎？《多德—弗蘭克法》是金融危機發生後所通過的監管改革，當時即將生效，他們需要研讀許多新書及

遵循新法。

遵守這些法規是讓Betterment成功發展的關鍵。但在TechCrunch上發布產品的前幾天，Betterment仍未獲得美國金融業監管局（Financial Industry Regulatory Authority，FINRA）的批准。FINRA負責監管經紀交易商。史坦回憶道：「我們週五才拿到監管機關的批准，預計隔週一就要上線，差點就開天窗。」

後來，Betterment確實上線了。2010年6月，Betterment不僅正式公開，還獲得TechCrunch大會頒發的「紐約最大顛覆者」大獎。上線第一天，Betterment就吸引了四百位新客戶以及一些早期投資者的關注，大家開始把資金匯入Betterment的帳戶。史坦說：「我記得我們的投資規模剛突破100萬美元時，我心想：『哇，100萬美元！』」

截至年底，Betterment管理的資金規模已達1,000萬美元。

「我們為此慶祝了一番，簡直難以置信。那麼多人信任我們，似乎是不可能的事。我真的覺得他們瘋了。」

對科技的信任

「那麼多人信任我們，似乎是不可能的事。我真的覺得他們瘋了。」

現在，Betterment每天平均匯入的存款約1,000萬美元，

有四十萬名用戶，資產管理規模約160億美元。而且，Betterment仍持續成長。部分原因在於，它不像私人財富管理經理那樣收取1%的管理費，而是只收0.25%，但為用戶提供許多相同的回報，而且不設最低投資門檻。

史坦說：「相較於散戶自己投資或透過理財服務，我們替那些為退休存老本的一般客戶多賺了40%左右。而且，市面上找不到其他業者為散戶這樣做，我們創造的價值是獨一無二的。」

理財機器人，不完全是機器人

自從Betterment推出以來，後續出現的競爭對手構成了一個新興產業，一般統稱為「機器人理財」（或譯「智能理財」）。現在有兩百多種不同的機器人理財可供選擇，它們總共管理了9,800億美元的資產。[13] 更值得注意的是，這些機器人理財所管理的投資帳戶，每戶資金約2萬1,000美元，遠低於私人財富經理所要求的最低門檻。這表示機器人理財確實接觸到截然不同的投資客群。

但小型的新創企業不是唯一開發機器人理財的公司。像貝萊德、先鋒、嘉信理財、富達（Fidelity）等金融業的老字號業者也記取了Betterment的成功經驗，採用類似的技術，推出收費較低的服務，並降低最低投資門檻，以吸引更廣泛的客

群。

　　不過，史坦認為，那些老字號業者還是搞錯了方向。「最近我看那些銀行的廣告，看到『機器人理財是一股潛在的顛覆力量與競爭威脅』、『銀行應該裝設機器人』之類的用語，我覺得那實在太蠢了。」

　　史坦認為，Betterment之所以成功，其實跟技術無關。「這不是因為我們『裝設了機器人』，而是因為我們為顧客做正確的事情，為顧客著想。」他說，銀行依然是從產品的角度經營，而不是從客戶的角度經營。他們的產品設計通常是為了利用客戶的行為，也違逆客戶的最佳利益。「我只是覺得，在這個年代想要建立有價值的機構，那樣做並不是正確的作法。我覺得本質上你必須更客戶導向，以客為尊。」

用戶優先

　　「這不是因為我們『裝設了機器人』，而是因為我們為顧客做正確的事情，為顧客著想。」

　　銀行業的圈內人可能永遠看不出來這個癥結所在。

　　而隨著Betterment的平台不斷成長，它也持續演進，「多年來，我們已經建立了多種演算法與系統來接受客戶的意見，這是不斷精進的流程。我們持續關注客戶如何運用系統、如何考驗我們，以及我們是否幫他們實現目標。我們根據他們的投

資績效來改進下一階段的開發。」

即便如此，Betterment可能還沒遇到最大的挑戰。它當初創立的前提（也是其他同業陸續投入這一行的前提），是「被動投資」長期下來的報酬比「主動投資」更好。（這裡的被動投資是指：投資那些追隨市場整體趨勢的指數基金，而且長期持有。主動投資是指：根據研究、反應與直覺，快速又頻繁地交易。）

資料似乎證實了這個前提：主動管理的投資組合很少獲利超過大盤，尤其是扣掉稅金及管理費以後。這點對Betterment來說也是如此。

但Betterment是在經濟危機的谷底建立的，並在經濟復甦的第一年推出。從那時起，股市一直處於大多頭，長期穩定地攀升。如今道瓊指數已達2009年低點的四倍。當市場收益如此穩定，被動指數基金當然報酬也好。市場看漲時，本來獲利就很容易。

然而，這個長達十年的牛市幾乎是前所未有的。經濟學家普遍認為，這不可能永遠持續下去。

那麼，經濟低迷時，被動投資會發生什麼呢？

這些機器人是否有足夠的精密度，在市場崩盤時保護投資人，避免他們血本無歸？它們的績效依然可以超越大盤嗎？還是市場低迷時，正好可以凸顯出主動管理的真正價值：當輸家多於贏家，更能彰顯出經理人的專業與判斷力？

沒有人知道確切的答案，但2016年6月24日，大家首次窺見了端倪，而且情況看來並不樂觀。就在英國選民以些微的選票差距決定脫歐的隔天，全球市場陷入恐慌，一夜之間市值蒸發了2兆美元。那天（就像每天一樣），指數基金跟著市場暴跌了。

　　被動投資的概念有賴長期緩慢地投入。它要求投資人買進持有，壓抑情緒衝動，撐過暫時的低迷。這種概念認為，只要撐得夠久，市場終究會復甦，那些構成投資組合的指數基金也會止跌回升。

　　但是，在**恐慌中**壓抑情緒衝動，說來容易，做來困難。民調與博彩公司都預測，英國脫歐公投的結果應該會「繼續留在歐洲」，而且公投當天，市場也基於這個預測飆漲了。所以，公投那晚當計票結果顯示「脫歐」獲勝時，市場觀察者知道隔天的市場會出現大幅回檔。

　　翌日早上，Betterment在對用戶發表的聲明中指出：「我們的團隊徹夜追蹤市場活動，顯然美國市場開盤後將會出現極大波動。換句話說，對長期投資者不利。」[14] 面對這種對客戶不利的可能恐慌，Betterment做了充滿爭議的決定：在市場開盤後的三個小時先暫停交易。交易員既不會在暫時的恐慌期間拋售資產，也不能購買其他人正在拋售的資產，等市場有機會回穩以及東西的價值更容易確定時才開放。

　　史坦引用投資大師巴菲特的話，來為這個遠離波動的決定

辯護：「股市是把錢從不耐煩的人，轉移到有耐心的人身上的工具。」

對Betterment的一般投資者來說，這個暫停交易的決定其實完全看不到影響。拜這款app的設計所賜，用戶看不到幕後的交易細節。當初這個app的設計，就是希望用戶不要太擔心日常波動。

但這個決定揭開了一個以前隱藏的事實：這些理財機器人不完全是機器人，還是有真人在背後決定何時干預及推翻演算法對客戶最有利。這樣做說不定讓一些用戶感到放心，因為這可能避免他們的投資組合血本無歸，但那也重新導入了這個軟體當初想要迴避的一些問題，像是情緒過度反應及武斷的判斷。

然而，「自動化」從來都不是史坦的目標，他的目標是提供大家平價又精明的理財方式，而演算法與AI是其中的關鍵。「由於實際做資本配置及閱讀公司財報非常複雜，認為任何忙於家庭、工作等事務的散戶都應該自己做這些活動，其實很荒謬。所以我們才把那裡面的許多步驟自動化。」

但真人判斷永遠都會是其中的一部分。

一些高階的理財公司正競相追趕Betterment的自動化，但Betterment已擴大規模，在產品中納入更多的真人判斷。現在只要支付更高的管理費，達到最低10萬美元的投資門檻，客戶就可以選擇「進階」服務。而這種進階服務，與Betterment

當初試圖取代的高階財富管理服務難以區別。在難以自動化的理財規劃方面（例如購屋決策、養兒育女、何時退休），這種進階服務讓投資人無限取得認證專業人士的理財指引。雖然Betterment剛創立時運作很簡單，但它以敏捷開發的方式不斷地精進，以提供401(K)退休福利計畫、個人退休投資帳戶（IRA）、信託帳戶等服務。

史坦說：「多年來，我們的理財建議變得越來越精確，我們提供的服務類型也越來越廣泛。但核心使命依舊沒變：顧客可以獲得更好的資訊與建議時，就能做出更好的決定。我們可以幫他們做更好的投資，讓他們因此過更好的生活。」

用微投資，搶占千禧世代市場

沃特・克魯滕登（Walter Cruttenden）的兒子傑佛瑞（Jeffrey）大學畢業時，沃特決定送他一份畢業禮物：「我們一起開一家公司吧。」

沃特有一些創業經驗：他是羅仕證券（Roth Capital）的創辦人兼執行長，羅仕證券專門投資新興成長公司。他也經營E*Trade的投資銀行部門，該部門為小型企業提供資金，並協助它們公開上市。

沃特有四個兒子，他和每個兒子都創立一家公司，每家公司的事業都是在兒子的興趣與他自己的興趣之間尋找交

集。三子傑夫（傑佛瑞的小名）畢業於路易斯克拉克大學（Lewis & Clark）數學系。沃特說：「他是真的很有才智。2011與2012年，他對每個新發布的app都很痴迷。」傑夫很愛行動app，憑直覺就很懂app該如何運作。「傑夫會說：『天哪，那顏色好醜，那些按鈕放錯地方了。』他的判斷總是對的。」

他們父子倆決定開發一款app，幫傑夫這個年紀的年輕人開立第一個投資帳戶。「多數研究顯示，大家平均是在35至39歲之間開始投資。我們希望把那個年紀提早十年，因為十年可以產生極大的差異。」這位投資銀行家與他那個數學系畢業的兒子都知道，即使是小額的金錢也可以在十年複利下迅速累積。

但他們如何讓千禧世代開始投資呢？大學剛畢業的人大多沒什麼閒錢，而美林、摩根士丹利、高盛等投資銀行對這些年輕人的零錢也不感興趣。那些公司設立的投資門檻往往是10萬美元以上。

說到**零錢**，這對父子檔因此靈光乍現。

沃特指出：「我們聊到摩爾定律。那個定律是說，電腦運算力每年都會加倍，成本會減半。我們因此思考這個定律可能對銀行業產生的影響。首先，它會使轉帳成本下降。以前電匯需要付30美元，現在只要1.5美分。」

隨著匯款成本下降，他們發現，現在真的可以利用這些

零錢來開設投資帳戶。他們想出一個讓大家投資零錢的方法。沃特說：「無條件進位成整數。每次有人刷卡購物時，

培育者：沃特・克魯滕登

我們就把金額無條件進位成整數，並把差額存入一個投資帳戶。」

因此，如果有人以簽帳金融卡買一杯2.75美元的咖啡，那張卡會收取3美元的整數，把差額0.25美元用於投資。用戶不需要採取額外的行動或決定，就經常做「微投資」，把微不足道的小錢存起來，開始賺複利。投資者從來不需要為此動腦，這在邏輯與字面上都可以說是「被動投資」的極致。

他們父子倆運用沃特的商業知識及傑夫對app的直覺了解，迅速把想法變成了現實。「我們找了許多優秀的工程師來設計最好的方案，也跟Yodlee和Plaid合作，他們幫我們以又酷又簡單的方法連接銀行。傑夫不斷地重新設計，到最後我已經拿他沒輒了。」沃特坦承，「不過，最終那成了最酷的app。」

他們也需要幫那個app命名，要取個朗朗上口的名字，讓千禧世代一看就懂，而且牢記在心。

「我在加州的埃斯孔迪多（Escondido）有個小牧場。」沃特說，「我和傑夫在那裡邊走邊撿橡果（acorn），突然覺得這個名字很棒，因為橡果會長成又大又老的橡樹。」

Acorns於2014年8月上線，目前用戶數逾五百萬。投資者的平均年齡幾歲呢？才30出頭。

Chapter 5

金融服務的未來

什麼是銀行？那是指品牌，還是指套裝服務？
在哪裡處理金融交易很重要嗎？

　　過去十年FinTech的進步，已徹底改造我們與金錢互動的
方式，並把它數位化了。Braintree、PayPal之類的支付平台讓
購物變得更容易。Yodlee和其他的金融API允許我們在帳戶之
間順暢地轉移資金。Mint、Clarity Money之類的個人理財程式
讓我們以新的透明度，輕鬆地看到這些帳戶的金錢進出。在我
們缺錢時，LendingClub、Kabbeage之類的線上貸款機構可以
在幾天或幾小時內，把錢轉入我們的銀行帳戶。Betterment、
Acorns之類的線上投資工具提供我們簡單又有效率的方式，讓
我們帳上的資金隨著時間的推移而增加。

　　FinTech「拆分」了銀行：把銀行提供的那些混雜產品逐
一拆解開來，改造成輕巧好用的app。每個app只提供一種服

務，但效能更好。

在這個過程中，FinTech公司讓更多人享有這些金融服務。

但是，FinTech的顧客為了使用這些服務，仍需要銀行。線上支付快速又平順，但前提是你需要有信用卡或簽帳金融卡。數位貸款快速又方便，但前提是你要有銀行帳號才能收到貸款。如果你無法把錢轉入帳戶中，就沒辦法透過Betterment來增加退休老本，因為那款app不接受現金。

這些FinTech的app表面上看起來簡單好用，但它們在某個時點都需要用戶把帳號連到銀行。

隨著越來越多的交易走向數位化，那些沒有銀行帳戶的人怎麼辦？他們如何避免自己被排除在數位金融外？

這就是史蒂夫‧史崔特（Steve Streit）試圖解決的問題。

史崔特說：「你總不能把現金塞進硬碟吧？」

舊模式再也不管用的時候
「你總不能把現金塞進硬碟吧？」

對生活在美國的大城市、早就使用智慧型手機轉帳的人來說，你不太容易注意到美國有很多人沒有銀行帳戶。

美國聯邦存款保險公司2017年的一份報告指出，美國有八百四十萬個家庭沒有銀行帳戶。另有兩千四百二十萬個家庭

是所謂的「次級銀行用戶」（underbanked），他們可能有一個支存或活存帳戶，但大部分的金融需求是靠「另類金融服務」提供，亦即支票兌現店、發薪日貸款機構（payday lender）、當鋪等等。

總計，這兩種家庭占美國家戶數的四分之一以上。

另一方面，沒有銀行帳戶及次級銀行用戶中，有很高的比例不是白人。舉例來說，黑人家庭與拉美裔家庭沒有銀行帳戶的比例，是白人家庭的兩倍多，而且這些家庭大多位於鄉下。像在人口不到十萬人的郡裡，沒有銀行帳戶的家庭比例高達33％。而這種家庭的教育程度，往往低於一般享有銀行全部服務的客戶。比方說，2015年，沒有銀行帳戶的家庭中，僅14.5％的家庭裡有人擁有大學學位。而且，這些家庭通常很窮困。事實上，這些沒有銀行帳戶的家庭中，有一半是曾有銀行帳戶，但後來沒有了。他們說，那是因為他們沒有足夠的錢維持帳戶。[1]、[●]

這其中有些人是主動選擇退出銀行，但絕大多數沒有銀行帳戶的人其實是想開戶但開不成。而那可能是因為他們的錢太少，無法開戶；或是因為銀行不讓他們開戶；[2] 或是因為銀行離家太遠。

2008年的經濟大衰退，使沒有銀行帳戶的人數大增。這

● 美國的銀行帳戶餘額若低於某個最低門檻，需要繳交管理費。

不僅是因為銀行客戶在財務困難時期,過度提領帳戶導致透支,當時銀行本身也陷入財務困難。金融危機爆發後,利率降至史上最低水準,銀行無法從投資獲得跟以前一樣多的報酬,他們發現創造收入的次好方式是提高手續費,所以手續費提高了。相較於2000年,透支費漲了50%以上,而ATM的平均手續費也已經連續上漲十四年,現在每次領錢的手續費要4到5美元。[3] 銀行把這些費用委婉地稱為「非利息收入」,這種收入占銀行資產負債表的一大部分。而在大型的地區性銀行,這個比例有時高達40%。

這些收費就足以把那些最邊緣的人趕出銀行體系。

但在金融危機期間,銀行也做了其他的事情來彌補減少的投資收入:他們開始關閉分行。2008年以來,美國的銀行已關閉近九千個分行。而流量最少、顧客最少、資產最少的分行最有可能關閉,這表示許多關閉的分行是在鄉下小地方,那些地方可能本來就只需要一兩家銀行。因為關閉分行,金融危機促成了八十六個新的「銀行沙漠」,意指在人口聚集區方圓十六公里內毫無銀行的地區。[4、5]

然而,住在毫無銀行的地方,生活成本很高。你需要現金時,可能不得不開車一個小時、或更長的時間到最近的銀行自動提款機。或者,如果你沒辦法那樣做,你可以使用未連網的機器,但需要支付高昂的手續費。在發薪日,你可能面臨類似的困難,你必須判斷把支票存進銀行的代價比較高,還是到附

近的支票兌現店付高額的手續費比較貴。[6]

但沒有銀行帳戶的生活成本更高。你無法開支票，開每張匯票要付1美元或更多。如果你需要貸款，只能找發薪日貸款機構、當鋪或高利貸。另一方面，銀行必須符合高利貸法規所訂的利率最高上限，但在許多地區，非傳統的貸款機構不受這些法律的限制。[7]

2010年，美國聯準會的報告指出：「沒有銀行帳戶的消費者光是兌現支票的手續費，就占政府福利支票金額的2.5%到3%，以及工資支票金額的4%到5%。」[8]把這個數字換算成一年，再加上每月開六張匯票的費用，一個年收入2萬美元的家庭，每年因為沒有銀行帳戶而受到的「特殊待遇」是，必須多花1,200美元的手續費。作家詹姆斯・鮑德溫（James Baldwin）寫道：「任何曾經身陷貧困的人都知道，貧窮的代價有多麼高昂。」

經濟主要是以現金為基礎時，有沒有銀行帳戶的差異不會那麼極端。但是，隨著網路越來越攸關我們的生活，網購也變得越來越重要，而網購需要使用某種數位現金。

輕搖滾、失業與百萬富翁

史崔特剛創業時，其實沒想到那些沒有銀行帳戶的人，當時他只想到音樂。

他說：「我在廣播電台上班，專長是為那些有學齡孩子的媽媽（通常是家庭）發明音樂類型。那年代大家聽比利·喬（Billy Joel）、菲爾·柯林斯（Phil Collins）、惠妮·休斯頓（Whitney Houston）、瑪麗亞·凱莉（Mariah Carey）之類的音樂。」

但電台需要一種行銷音樂的方式。「我們試圖創造出某種東西，讓人覺得它既不是像齊柏林飛船（Led Zeppelin）那種重搖滾，也不像芭芭拉·史翠珊（Barbra Streisand）那種輕鬆的音樂。」然而，他們一直想不出來有哪種說法可以打動每個人。

後來，史崔特想到一個點子：「我們就叫它『輕搖滾』吧。」

沒錯，史崔特成為FinTech創業家以前，發明了所謂的「輕搖滾」。

「我籌劃了一場宣傳活動，標榜：『輕搖滾，調性不硬不乏，人人都愛。』結果一炮而紅，因為那種音樂讓年長者覺得年輕，讓年輕人覺得沒那麼老。而且，那種音樂組合包含瑪丹娜與較多的當代藝人，聽起來比較動感活潑，但又不包含那年代主打的輕鬆歌曲（例如芭芭拉·史翠珊、巴瑞·曼尼洛〔Barry Manilows〕的歌），也不包含任何重搖滾、前衛，或是以電吉他炫技的東西。後來，類似的輕搖滾電台如雨後春筍般湧現。」

史崔特發現了一個趨勢並順勢發展，引領風潮。

他在廣播業待了多年，那段期間廣播業經歷了漫長的併購

輕搖滾的發明者：史蒂夫・史崔特

階段。1999年，清頻通訊公司（Clear Channel）收購了他任職的廣播電台，對方提供他一份資遣方案，請他離開。

他回憶道：「我有孩子及房貸，當下很恐慌，所以我走進對街的美國運通顧問公司（American Express Advisors），我說：『我剛剛收到這個資遣方案。但我不知道這代表什麼，你能幫我看一下嗎？』那個隨機被指派來服務我的顧問說：『史崔特，你現在是百萬富翁了。』」

在電台工作的幾十年間，他一直悄悄地累積員工認股權，那些認股權拜清頻通訊的收購所賜，現在加起來的價值比他想像的還多，而且是多出很多。

他突然晉升為百萬富翁，進入一個陌生的境界，需要想想餘生該怎麼過。

百萬美元的創意

某天他與一群朋友湊在一起，那些朋友在迪士尼最近推出的入口網站Go.com擔任音樂主管，所以他們秀了一些新技術給他看，他們說：「將來會出現高速網路。」

1999年，那時一般家庭還沒裝寬頻，上網人口只有數百萬。如果他們想在辦公室或大學以外連線上網，他們主要是使用撥接網路的數據機，透過AOL、Prodigy等服務上網。那些數據機頂多提供每秒56KB的傳輸速度，即使連線未停止或中

斷，下載一個 1 MB 的檔案也要花近二十秒的時間。[9]

史崔特那些任職 Go.com 的朋友讓他有機會一窺未來的樣貌，未來每個家庭都有高速網路。他們想像的未來有很多新的機會，讓他們透過網站展現迪士尼的產品、服務、玩具和音樂。

那天史崔特回家後，思索那個未來，頓時靈光乍現，那個靈感比「輕搖滾」更宏大。

他想到：「以後大家會上網買東西。」不是只在亞馬遜（1994 年上線）和 eBay（1995 年上線）上購買，也不是只在迪士尼那樣的大網站購買，而是到處都可以買。「我心想，那項技術出現時，孩子會是第一批採用者。大學校園很可能是第一批使用高速網路隨時上網的人，到時候年輕人會需要一種網購的方式。」

然而，囿於信貸業的運作模式，年輕人很難獲得信用卡。他們通常沒有可預測的收入，也沒有累積足夠的信用記錄，所以沒有 FICO 評分。少了精確衡量風險的方法，銀行就不會提供年輕人任何信用額度。

沒有信用卡，這些最有可能率先投入網購的年輕人，就無法網購了。

「我們應該為孩子發明一種信用卡。」史崔特心想。

他還不知道那要怎麼運作，甚至不知道那會是什麼樣子，但這個想法令他振奮。他打開電腦，開了新檔案，把它命名為

「百萬美元創意」，並寫下一個字：I-Gen（網路世代）。他將為網路世代打造一張信用卡。

史崔特說：「一切就是這樣開始的，當時臥室裡只有我一個人。」

最後，史崔特的「百萬美元創意」變成一種簽帳金融卡，而不是信用卡。史崔特開始找零售商洽談I-Gen的銷售時，那些店家不太了解那張卡的概念。「那時稱為『主機型儲值卡』，沒有人知道那到底是什麼東西。」所以他想了一個更好記順口的名稱。

「我想到『預付』，因為當時Sprint、MCI的預付電話卡非常熱門，我說：『這是一張預付的萬事達卡，預付款花光就沒了，沒有透支費。』大家一聽就說：『哦，我懂了。』」

最後，他說服連鎖藥房來德愛（Rite Aid）銷售這款產品。他們在大華盛頓特區的八十家來德愛門市開始試賣。

只是有個大問題，史崔特說：「我們沒賣出任何卡片，一張也沒有，業績掛零。我每天打電話去來德愛詢問有沒有業績，他們每天都回我：『沒有，今天沒業績。』」

那時，史崔特為了推出I-Gen，已經花光他賣清頻通訊股票的錢，開始刷卡度日。「說到創業，每個人都說那有多浪漫、多麼令人振奮，創業確實可以是那樣。但是，當你還有孩子在求學，你以前有錢，現在沒錢了，因為你沒有工作，每個月又繳不出房貸的時候……我無法形容那種焦慮與壓力，那一

點也不浪漫。」

壓力大到他再也受不了了。基於心理因素,也基於迷信,他需要看到一筆交易。於是,他打電話給華盛頓特區的一位朋友:「你可以幫我一個忙嗎?麻煩你開車去來德愛買一張卡好嗎?」

「你會還錢給我嗎?」那位朋友問道。

那個朋友確實去買了一張I-Gen卡。[10]不久,其他人也開始買了。但那些買家並不是史崔特預先設想的對象。「我以為那個產品的受眾是郊區的白人青少年,家長不想讓他們使用大人的美國運通卡。沒想到,我真是大錯特錯。」

I-Gen有個電話客服中心,[11]史崔特只要有機會,就會親自接聽顧客來電,並問他們當初為什麼會想要買那張卡,他們的回答令他大感意外。一位顧客告訴他:「我的信用不好。」另一位說:「銀行不喜歡我這種客人,他們不想為我提供服務。」還有一個人講得更直白:「銀行不喜歡黑人。」

史崔特一再聽到類似的說法:「銀行的手續費太高了。」「他們都會要求帳戶餘額必須達到最低門檻。」「我需要購物,但辦不到信用卡。」

史崔特說:「我突然發現,我們有很棒的產品,但鎖定了錯誤的市場。」

史崔特在不知不覺中設計了一種產品,剛好可以幫助沒有銀行帳戶的人。

「那是我第一次發現，有些人想到銀行開戶，但不得其門而入。」I-Gen卡滿足了那些無法獲得傳統信用卡的人，以及那些不想隨身攜帶大量現金，但基於某種原因，也無法把現金存入銀行的人。

2001年，就在I-Gen卡推出後不久，史崔特將公司轉型，把目標客群從他最初設想的青少年移開。他把公司改名為綠點（Green Dot），並把目標客群設定為沒有銀行帳戶的人。他說：「我們改變了包裝，使它看起來更成熟、更穩重，但絕口不提我們是為了幫助『低收入美國人』。但每個人都看得出來，也可以了解，所以我們很快就變成一款備受重視的產品。」

成為不設分行的銀行

在金融危機後，信用卡的利率變得更高，許多人失去了信用額度，預付卡的使用開始大增。截至2009年，大家在預付卡中總共存入300億美元。到了2012年，那個數字多了一倍以上，達到650億美元。

隨著時間的推移，綠點公司為預付卡增添了更多的功能。原來的卡片設計是用完即丟，沒有個人化（卡片上的名字是「貴賓」），無法再儲值，但不久綠點就開始透過官網販售個人卡。個人卡可以持續使用，在販售卡片的零售據點就可以儲

值，這等於是給綠點顧客一個支存帳戶，讓他們不必跟銀行往來也能存錢。這些個人化的帳戶甚至可以直接存入薪資，並由聯邦存款保險公司為餘額提供保險。

史崔特回憶道：「我們曾經設計了一個謎語：『綠點有多少客戶沒有銀行帳戶？』答案是零，人人都有。」

然而，儘管這個謎題的答案那樣宣稱，但使用綠點卡和在銀行開戶還是不一樣。首先，綠點的個人化帳戶其實不便宜：餘額低於 1,000 美元時，每月要付 9.95 美元的管理費，而且每次帳戶持有人想要充值時，還要支付 5.95 美元的服務費。

此外，這張卡是簽帳金融卡，不是信用卡，所以用戶的消費永遠無法超過帳上的餘額。這可能是好事，例如，預付卡用戶永遠不必支付透支費，因為他們不可能透支。[12] 而他們也不必擔心消費過度而債台高築。[13]

但是，在兩次發薪之間，一個人若需要金錢來彌補短缺，預付卡就派不上用場了。此外，預付卡也沒有為持卡人提供返回傳統銀行的明確途徑。因為它不是信用卡，對於建立或修補持卡人的信用記錄毫無助益。[14]

不過，綠點卡不止適合信用不佳的人，也可以服務那些生活地區沒有銀行的人（亦即前述的「銀行沙漠」）。

這個客群帶給史崔特第二大啟發。[15]

他問道：「如果客戶其實有資格開戶，只是當地沒有銀行，那要怎麼解決？難道多數人的銀行需求不能在網路上完成

嗎，非得去分行不可嗎？」

2007年，史崔特目睹了蘋果發布iPhone。對當時的許多人來說，iPhone不過是蘋果最新發表的高價玩具罷了，螢幕小，上網困難。當時的商界人士大多人手一部黑莓機，他們很難想像iPhone變成做正經事的工具。

但史崔特想到，大家已經迅速從撥接上網轉變為寬頻上網；從緩慢又笨重的桌上型電腦，轉變到每家咖啡店的桌上都可以看到又快又輕巧的筆電。他知道摩爾定律，亦即電腦運算力每兩年就增一倍的原理。直覺告訴他，人們用手機做一切事情，只是時間早晚的問題。

「我知道行動網銀會變得很重要，所以我對董事會說：『各位，我們需要大舉投資行動銀行。』」董事會很難理解他的想法，「我還記得當年有一位董事問我：『所以你想讓行動巴士進入社區，為大家提供銀行服務嗎？像開冰淇淋車進入社區那樣？』」

「不，不，不。」史崔特告訴他：「我的意思是，顧客會透過手機做金融交易。」

那位董事花了一點時間思索他講的話，接著又問：「所以顧客是使用手機先預約時間，以便去行動巴士跟我們見面嗎？」

幸好，另一位董事是著名的邁克‧莫里茨爵士（Sir Michael Moritz），他是紅杉資本（Sequoia Capital）的合夥人，那家資

本1.4兆美元的創投公司曾經投資蘋果、Google、甲骨文、PayPal。史崔特打趣地說：「所以他對科技略知一二。」而莫里茨認同史崔特所展望的行動銀行前景。在莫里茨的鼓勵下，董事會支持史崔特的新計畫：把綠點轉型成不設分行的銀行。

2008年，美國有七千多家銀行，但那不表示建立一家新銀行就很容易，那絕非易事。畢竟，取得銀行執照的流程既複雜，而且代價高昂。在美國，那需要在三個不同的聯邦監管機關的法規之間穿梭，包含：聯準會、聯邦存款保險公司、金融管理局（Office of the Comptroller of the Currency，OCC）。此外，每個州也有自己的法律與監管機關，任何在全國營運的銀行都需要符合這一切法規與監管機關的要求。銀行必須達到資本要求、申報要求、隱私要求、反恐與反洗錢要求，甚至還要達到社區再投資要求。

表面上，這些監管的目的，是為了保護消費者及社區，避免危險或掠奪性的銀行營運方式傷害他們。乍看之下這是好事，但是所有的法規遵循負擔都意味著，申請銀行執照需要眾多的律師、大量的文書、投入多年的時間，而這些費用都會產生「讓現有的老字號銀行受益」的副作用（而且至少某種程度上是刻意的），尤其是美國五大銀行：摩根大通、美國銀行、花旗集團、富國銀行、高盛。

那些監管規定就像一條圍繞銀行業的護城河，使外人很難進入。

當然，護城河是雙向的。圍繞銀行業的監管護城河，也是銀行面對市場新狀況時，調適如此緩慢的一大主因。一家銀行想做任何改變，都必須經過監管機關的層層審查與批准。接著，那些改變必須整合到銀行龐大又笨拙的基礎設施中。相反的，FinTech公司規模小，運作靈活，不受傳統基礎設施的局限，可以更自由地做他們想做的事情。

這次，從收購銀行下手

當FinTech公司開始思考跨過護城河（亦即打造新型的銀行）意味著什麼後，不同的公司想出不一樣的解決方案。但他們大多是從一個前提出發，史崔特也是如此：科技發展至今，他們應該可以在不設立實體分行下，提供核心的銀行服務（例如支存、活存、簽帳金融卡）。一家二十一世紀的新銀行或許能完全生存在網路上，顧客可以線上查看帳戶、付款、轉帳、設定自動轉帳，甚至上傳實體支票的圖像。

純網銀可以同時存在任何地方，同時服務大城市與鄉間銀行沙漠的居民，[16] 不需要在特定地點建立實體分行，不用支付租金或雇用櫃員，也不必決定銀行究竟要服務哪個社區、及捨棄哪個社區。這些純網銀不需要自己安裝自動提款機，他們可以和現有的提款機網絡協商合作。

純網銀在這些傳統銀行支出上所省下的資金，可為客戶提

供比傳統銀行更高的存款帳戶報酬。

這種無分行的銀行概念非常新穎，所以當時沒有人知道該怎麼稱呼它們。[17] 對一些人來說，它們是「直銷銀行」（direct bank），因為客戶可以直接上網處理交易。對另一些人來說，它們是「挑戰者銀行」（challenger bank），因為它們以創新的客戶導向體驗和高收益的存款帳戶，還有它們本身的存在，挑戰了現有的銀行。還有一些人稱它們為「新型銀行」（neobank），這個詞之所以流行起來，至少有部分原因在於那個字聽起來充滿未來感，很賽博龐克（cyberpunk），❷ 又酷炫。

無論叫什麼名稱，他們都必須解決監管問題：他們必須穿過護城河，取得銀行執照，否則永遠無法獲准營運。而建立一家銀行的方式有很多種，每種方式各有優缺點。每家新成立的「新型銀行」，都在尋找盡量降低資本要求、盡可能提高靈活度、盡快進入市場的方案。但每種方案都很耗時，而且代價高昂。一旦選了一條路，就需要堅持投入多年才能完成。

而且，這是一條沒人走過的路，從來沒有人從頭開始創立過純網銀，所以無法預測哪些模式有效，哪種模式無效。

綠點第一次接觸監管機關以期獲得銀行執照是2008年。起初，他們並沒有認真看待那次提案。史崔特描述當時的自己：「這裡突然出現一個傢伙，從來沒在銀行工作過，監管機

---

❷ cyberpunk是結合「控制論」（cybernetics）與「龐克」（punk）而成，是以IT為主體的科幻分支。

關對他的產品幾乎一無所知，而且他們很久沒發放新的銀行執照了。」

「那真的太難了。」

因此，史崔特與董事會決定嘗試另一種策略：收購一家銀行。

然而，那也需要獲得監管機關的批准，但至少這次協商的依據是監管機關比較能夠了解的。畢竟，綠點不是第一家收購銀行的公司。1989年有個著名的前例：福特汽車公司為了盡快取得銀行執照，收購了加州的一家小銀行——協富第一資本公司（Associates First Capital Corporation）。福特擁有那家銀行後，就可以合法為客戶直接提供融資，不需要第三方銀行核准貸款。

當然，綠點的業務與福特截然不同，但根本的目標是相似的：綠點像福特一樣，想要收購一家銀行，以便為現有的產品組合增添更多的銀行服務。所以，福特那個收購前例為聯準會提供了可能的模式，可以用來設計規範綠點的要求。

不過，福特的例子也是則警示故事，因為福特收購協富第一資本公司後，那家銀行後來出現嚴重的財務困難。當時，身為母公司的福特為此承擔了巨大的法律責任。綠點真的想冒那種風險嗎？

它確實想。2010年2月，綠點簽署一項協定，收購總部位於猶他州的小銀行——博內維爾銀行（Bonneville Bank）。綠

點之所以選擇那家小銀行，主要是看上它寶貴的銀行執照，而不是看上它在普若佛市（Provo）的一家分行。但是，要完成這起收購案，首先要取得聯準會的批准。

取得這個批准花了近兩年的時間，2011年11月底，聯準會終於同意讓綠點收購博內維爾銀行，變成一家銀行控股公司。這個身分賦予綠點新的特權，但也迫使綠點必須遵守銀行才需要面對、科技公司不必面對的嚴格資本要求。例如，至少15%的資產必須是流動資產的形式。[18]

綠點一點也不「新」

金融危機爆發後的那幾年，美國只出現幾家純網銀：BankSimple（現在更名，變成更簡單的Simple）、Moven、Exption、Chime，上述是少數幾家設法站穩腳跟、並打入市場的業者。

與此同時，在監管要求比較簡單的歐盟，則有十幾家新網銀如雨後春筍般湧現：Aldermore（2009）、Metro Bank（2010）、Shawbrook Bank（2011）、Starling Bank（2014）、Atom Bank（2015）、Revolut（2015）、Monzo（2015）、OakNorth（2015）、Tandem（2015）、N26（2016）、ClearBank（2017）、Tide（2017）。

或許部分原因在於，這些總部位於英國的純網銀受到的

監管比較寬鬆。所以大家稱綠點為「新型銀行」時,史崔特總是有點惱火。「我們是真正的銀行,有真正的銀行產品。」他説,「我們受到銀行監管機關的直接管制,承受的監管和摩根大通、美國銀行一樣。除了我們決定為不同的目標客群設計產品、並以獨特的方式銷售以外,綠點其實一點也不『新』。」

「金融服務是必要的,但銀行卻未必!」

從史崔特靈光乍現,想出純網銀這個概念近四年後,綠點終於可以向全美各地的民眾提供行動銀行服務。

綠點的行動銀行品牌是GoBank,於2014年的年中推出,標榜免費的支存帳號、行動支票存入、四萬台免費的ATM網絡,以及透過智慧型手機app就能即時付款或轉帳到其他銀行。

由於綠點有服務「次級銀行用戶」的長期經驗,GoBank的帳戶還包括專為這個客群設計的功能:帳戶不能透支,這表示沒有人會陷入不斷被收取透支費的迴圈。而且,開戶不必查核信用狀況或ChexSystems❸,所以GoBank依然歡迎那些因風

---

❸ ChexSystems是由美國的銀行和信合社所組成的消費者信用記錄共享機構,提供消費者的支存與儲蓄帳戶的不良記錄,銀行可以用開戶者的個資,去查核他是否曾有不良的支存或儲蓄帳戶記錄。這類不良記錄包括:帳戶透支或餘額為負數時拋棄帳戶,銀行可能因此拒絕開戶。

險高、而被其他銀行拒絕往來的人來開戶。

最後，綠點利用他們與零售商的關係，為新的行動銀行提供了特別的非行動功能。比方說，客戶可以到沃爾瑪的任一家門市，把現金存入帳戶中。

GoBank及其功能豐富的行動app，在推出之後立即大獲好評，並在2013年PYMNTS.com創新獎上榮獲金獎。

不過，它並沒有一開始就吸引到許多新客戶。史崔特說：「坦白講，一開始我們沒有招攬到很多新客戶。但我們向外界展示，綠點知道怎麼打造頂尖的銀行技術。當時，那對我們整體士氣及公司未來的存續非常重要。那讓我可以自信地說，綠點是一家科技公司。」

科技不僅向外界展示行動銀行的可能性，也做到了另一點，那是史崔特始料未及的。為了打造行動銀行app，綠點團隊基本上把所有的銀行服務，精簡成程式設計師所謂的「抽象層」（abstraction layer）。亦即，他們開發了執行各種銀行服務的API，然後讓所有的API都與GoBank app相容。

建好所有的API以後，史崔特發現綠點的銀行服務可用於任何app，不是只適用於GoBank app。假設另一家公司想向客戶提供銀行服務，但不想為了取得銀行執照而大費周章投入數年的時間，綠點現在可以幫它提供這樣的服務。如果公司想為員工打造自有品牌的銀行帳戶，並拿來支付薪資，綠點現在可以幫上忙。假如公司想提供自有品牌的信用卡，但不想自己打

造基礎設施來管理信用卡，綠點也可以幫忙。綠點為自家GoBank所做的任何事情，都可以授權給其他公司，讓他們打造自有品牌。

史崔特藉由打造行動銀行，也引領公司朝另一個方向發展：「貼牌」銀行，也就是讓任何人重新包裝成自有品牌的通用套裝服務。

對綠點來說，將貼牌銀行、也就是「銀行即服務」（banking as a service，BaaS），作為一種業務，將變得比GoBank品牌更重要。短短幾年間，綠點就變成Uber、沃爾瑪、財捷的Turbo-Tax背後的貼牌銀行。

不過，作為一種概念，「銀行即服務」更具顛覆性。多年來，那些大型銀行的品牌（摩根大通、花旗、美國銀行），與其提供的服務一直是不可分割的同義詞。但貼牌銀行的概念迫使大家思考，品牌和服務這兩個東西可以區分開來。貼牌銀行可作為純粹的基礎設施，為任何品牌提供銀行服務。

一旦有這個想法，就帶出了另一個問題：什麼是銀行？那是指品牌，還是指套裝服務？若我們可以從任何品牌獲得銀行服務，大家不禁納悶，摩根大通、花旗或美國銀行等品牌究竟提供了什麼？我在哪裡處理金融交易很重要嗎？

1994年比爾‧蓋茲說過一句名言：「金融服務（banking）是必要的，但銀行（banks）卻未必！」當時他已經在想像透過抽象層，讓任何品牌提供金融服務的未來。但科技演進多年

後，才跟上他的想像。

不過，我們終於發展到這個境界了。

改造匯款世界

最需要錢的人，反而最難獲得金錢。

他決定好好研究匯款這個產業並修復它。

伊斯梅爾・艾哈邁德（Ismail Ahmed）來自索馬利蘭（Somaliland）❶的哈給沙（Hargeisa）。戰火在他的家鄉爆發時，他剛拿到倫敦大學的獎學金。

哈給沙是索馬利蘭的最大城，也是反共組織「索馬利民族運動」（Somali National Movement）的所在地，該組織致力於推翻索馬利亞的獨裁總統穆罕默德・西亞德・巴雷（Mohamed Siad Barre），所以哈給沙也是獨裁者攻擊的最大目標。

西亞德・巴雷是艾哈邁德唯一認得的索馬利亞總統。他原是索馬利亞的陸軍少將，在1969年的一場政變中得勢上台，

---

❶ 索馬利蘭是一個未受國際普遍承認的國家，多數國家因索馬利亞的反對，仍把索馬利蘭視為索馬利亞的聯邦成員州之一。

短暫獲得民心，但不久就對衣索比亞展開代價高昂的戰爭，並開始對索馬利亞的許多少數部族展開殘酷的迫害，包括索馬利亞西北部「索馬利蘭地區」的主要人口伊薩克族（Isaaq clan）。

西亞德・巴雷把戰火帶到哈給沙後，哈給沙慘遭猛烈的轟炸，淪為「非洲的德勒斯登（Dresden）❷」。轟炸行動結束時，哈給沙僅剩5％的建築，當地的三百萬居民幾乎都成了難民。

雖然艾哈邁德取得簽證及飛往倫敦的機票，但哈給沙的機場已被戰機占領，西亞德・巴雷領導的索馬利亞武裝部隊統治了整個區域。那些軍人只要知道艾哈邁德屬於伊薩克族，就可能當場殺了他。

而城外的狀況也好不到哪裡去：一個名為「伊薩克滅絕者」的裝甲師，乘著坦克穿過索馬利蘭的沙漠，瞄準那些他們覺得民眾可能去找水的地方，並屠殺那些民眾。這場殘酷的行動造成二十萬平民喪生，後來稱為「哈給沙大屠殺」（Hargeisa Holocaust）。[1]

所幸，一位駕著傾卸卡車的陌生人載著艾哈邁德離開哈給沙，「那位貴人冒了很大的風險，我假裝成他的助手，他幫我把護照藏在卡車裡。」

在通往鄰國吉布地（Djibouti）的邊境，艾哈邁德使用學

---

❷ 指德勒斯登轟炸。這是二戰期間，英軍與美軍對德國東部城市德勒斯登聯合發動的大規模空襲行動。

生簽證，合法進入吉布地，逃離索馬利亞的內戰。不過，當時他離倫敦依然很遠，也沒有錢到那裡。

難民：伊斯梅爾・艾哈邁德

哈給沙的所有居民幾乎都在逃亡，他們分散到附近願意收容他們的地區，但也沒有比較好的方式保持聯繫。艾哈邁德的家人像索馬利蘭的許多難民一樣，最終逃到了衣索比亞。他們尋遍當地的難民營都找不到艾哈邁德時，以為他已經喪生了。後來透過口耳相傳，這一家人才知道流落異鄉的每個家人都倖存下來了。家人得知艾哈邁德困在吉布地、無法繼續前往倫敦時，他在沙烏地阿拉伯的姊夫匯錢給他買了一張機票，艾哈邁德終於可以出國深造，也安全了。

靠信任運作的「哈瓦拉」

跨境匯款（把錢匯到另一個國家），是絕大多數當代美國人沒有親身經歷過的事情。但往前推一個世代，或兩三代或五代，你遲早會發現某個移民到美國的親人在當地賺錢，並把一些收入匯回家鄉的故事。

索馬利蘭對這種移民與匯款的故事並不陌生。1970年代與80年代，西亞德·巴雷的政權為整個非洲之角帶來經濟動盪與內戰時，紅海對岸的沙烏地阿拉伯、阿拉伯聯合大公國、科威特、卡達等產油國正蓬勃發展。成千上萬人從索馬利蘭移民海外，到油田及那些靠中東石油財富興起的產業工作。那些工作往往相當辛苦，但遠比他們在國內找到的工作收入更高。艾哈邁德回憶道：「對我們來說，那就像淘金熱。無論你是做

文書，還是去工地上工，只要跨過紅海，就可以賺很多錢。」

那些赴海外工作的移民會把一些收入匯給家鄉的親人，那金額累積起來相當驚人：1970年代以來，匯款占索馬利蘭GDP的比例高達40％。歷經轟炸與內戰後，難民的匯款重建了哈給沙的經濟。

有移民的地方，就有某種把金錢從異鄉匯回家鄉的系統，這是從古代就有的東西，歷史悠久。[2] 當然，從古代有資金轉移以來，這種轉移就很複雜。它既緩慢又繁瑣，而且很危險。

八世紀，為了規避轉移資金的一些危險，絲路沿線的商人發明了一種名為「哈瓦拉」（hawala）的匯款系統。這個系統在南亞、中東、非洲之角（艾哈邁德的出生地）等地仍沿用至今。

哈瓦拉不需要實體轉移資金，就能轉移價值。它是透過經紀人網絡來運作。比方說，如果埃及的某甲想匯100美元給印度的某乙，某甲會去找埃及的哈瓦拉經紀人，並支付100美元。經紀人在帳上記下這筆交易，並把消息發給印度對應的哈瓦拉經紀人。接著，印度的經紀人會聯繫收款人，先從自己的帳上代為支付這筆錢（儘管印度經紀人從未收到埃及經紀人的付款）。這兩個經紀人不會轉移現金，而是直接更新各自的帳本，以反映其中一方欠另一方100美元。

然後，在未來的某個時點，有人想反向移動另一筆錢時，這兩個哈瓦拉經紀人就有機會結算帳目。

這種系統是靠信任運作的，不用本票，前提是這些債務最終都會結清。但有時這個「最終」可能需要很長的時間。事實上，哈瓦拉已存在上千年了，這些經紀人及帳冊在家族裡代代相傳。

但二十世紀為哈瓦拉網絡帶來了變化，這不僅是因為電訊的出現。另一方面，全球開發中國家的政府開始管理外匯，並實施匯率管制，使跨國資金轉移變得更加困難又昂貴。

因此，到了1988年，艾哈邁德的姊夫匯錢給他買機票時，哈瓦拉的運作方式變得更加複雜。想從沙烏地阿拉伯匯100美元到吉布地（艾哈邁德逃難的地方），他的姊夫必須先把錢交給一位沙烏地阿拉伯的商人。那位商人用那筆錢買商品（通常是食物、衣物或建材），並把商品運給吉布地的進口商。接著，進口商必須販售那些商品，以便收款人（艾哈邁德）收到100美元。這種交易商品的作法，讓哈瓦拉經紀人得以迴避貨幣法規，因為嚴格來講他們不是在做貨幣交易。匯款人（艾哈邁德的姊夫）其實是為一筆短期的商業貸款提供資金，而收款人（艾哈邁德）將獲得原始貨幣的全部價值。

但這筆交易往往需要幾個月的時間才能完成。事實上，艾哈邁德困在吉布地整整一季之久，才收到姊夫的匯款，得以買機票。

近幾十年來，世界經濟的變化破壞了哈瓦拉制度。首先，中東經濟發展減緩，來自非洲與印度的移民開始到西方尋找機

會，亦即到哈瓦拉經紀人的網絡之外。

再者，「經濟自由化」的政策促使西方企業到非洲與其他的開發中國家設立分公司，他們要求更清楚透明的匯款方式，也要求留下可查核的書面記錄。然而，一直以來哈瓦拉是靠信任運作，如今又得依靠商品買賣（轉移價值，而不是轉移現金），因此幾乎沒留下任何書面記錄。

第三，由於哈瓦拉網絡沒有書面記錄，它已經淪為恐怖分子和洗錢者的強大工具。西方國家以反恐的名義，關閉了許多這類「價值轉移系統」。

這導致移民只剩一種海外匯款的好方法：電匯。

西聯、愛迪生與手續費

在西方，一個半世紀以來，轉帳的主要方式一直是電匯。

電匯是1851年，紐約與密西西比谷印刷電報公司（New York and Mississippi Valley Printing Telegraph Company）發明的。不久，為了讓公司名稱更能反映目標（打造橫跨美國東西兩岸的電報網路），公司更名為「西聯電報公司」（Western Union Telegraph Company），後來更簡稱為「西聯」。

西聯於1861年達成「發送第一封跨陸電報」的目標。在接下來的幾年裡，該公司迅速發展，公司名稱「西聯」變成了「發送電報」的同義詞（大家會「西聯」訊息給彼此）。

數十年間，西聯走在技術創新的尖端，這有很大一部分要歸功於該公司的一位摩斯電碼操作員——一個名叫湯瑪斯・愛迪生的年輕人。愛迪生在西聯工作期間，設計出最具代表性的發明之一：玻璃圓頂股票報價機。那是透過電報線接收股價，並以每秒一個字元的速度列印在一條長紙上，後來稱為「股票報價機」。[3] 股票報價機是早年為金融市場帶來變革的FinTech，大幅加快了大家交易股票的速度。而當時為了配合細長的報價紙條而發明的「股票代號」仍沿用至今。

　　1871年，西聯發現另一種應用電報線的方法：轉帳。有史以來第一次，顧客只要走進波士頓的電報局，就可以把錢「電匯」到舊金山。但其實，西聯的匯款流程與哈瓦拉經紀人的流程沒什麼不同：波士頓電報局收下顧客的轉帳款後，傳送電報給舊金山電報局，舊金山電報局從自己的帳戶付錢給收款人。哈瓦拉與電匯之間的主要差異是，電報讓兩邊的電報局都可以立即更新自己的帳戶記錄。

　　不過，電匯有兩大限制，第一是技術上的限制：這套系統只能在有電報線的地方使用，電報線路既昂貴又有點脆弱。林肯也看出跨陸電線的價值，但他努力勸阻西聯投資這種電線。他勸西聯的執行長：「我覺得這計畫太瘋狂了，你幾乎不可能把電線桿和原物料運送到各地的平原。況且，你一牽好電線，印第安人就會把它截斷。」

　　鋪設跨海電纜更是困難，成本也更高。[4]

第二個使電匯變得更複雜的因素是現金。雖然發出匯款請求的過程幾乎是即時的，但接收端的電報局必須備有現金才能付錢給收款人。這表示西聯必須在全國各地的電報局（後來甚至需要在世界各地）存放大量現金。我們從許多好萊塢電影描寫的馬車搶案與火車搶案知道，運送現金是風險很大的業務。

後來，電話取代電報成為大家主要的聯絡方式，轉帳業務變成西聯最可靠的收入來源。[5] 西聯匯款在世界各地擴大網絡，雖然電報線已被無線電與網路取代，但直到今天，西聯匯款仍是匯款服務的市場先驅，在兩百多個國家有五十二萬五千個據點。[6]

不過，維護這個全球網絡的成本很高。西聯匯款的據點遍布全球各個角落，每個據點都需要實體的地點、員工和現金。再加上貨幣多元，價值持續波動，且不同的地區與國家又受到不一樣的監管。在最偏遠的據點，連電力與安全都沒有保障，而且無論在哪裡，資金的實際移轉依然危險。

為了彌補這些成本及降低風險，西聯匯款向匯款客戶收取高額的費用。

艾哈邁德即將知道那費用有多高昂。

為了揭發騙局，丟了工作

艾哈邁德抵達倫敦後，發現自己有生以來第一次處於匯款

流程的另一端：現在他需要把錢匯回家鄉。他一收到獎學金並繳了學費以後，就決定把剩下的多數金錢寄回家。然而，找一家可把錢匯到衣索比亞的匯款服務並不容易。他住在倫敦的郊區，最近的匯款地點離住所有三小時的車程。

而且，費用也不便宜，匯款回非洲的手續費高達10%，簡直就像教會要求的「什一奉獻」（tithe）。

艾哈邁德別無選擇，只能乖乖付費。

但艾哈邁德的學校把他攻讀學位的真實成本搞錯了。儘管他已經為預期的開支預留了一些錢，但他很快就發現，在大學當助教無法支應生活費，更不可能讓他繼續匯錢回家。因此，他又兼了第二份工作，去摘草莓，只要有時間就去兼差。不久，他清醒的每分每刻要不是在求學，就是在工作。

現在，花三小時的車程去匯款已是近乎奢侈的開銷。高手續費，再加上往返的時間成本，他等於每筆匯款都損失近30%的價值。

時間就是金錢。以實務換算，這些成本等於艾哈邁德必須多工作30%，或是縮減睡眠或讀書的時間30%，才能彌補每次轉帳的損失。

不過，相較於家人為了收到這筆匯款所付出的心力，他的辛苦又不算什麼了。衣索比亞當地的匯款代理者位於首都阿迪斯阿貝巴（Addis Ababa），但他的家人住在一百公里外的難民營。因此，每次去領取匯款，來回都需要花兩三天的時間。

而且，匯款也不保證一定會匯到。

在家人迫切需要幫助時，艾哈邁德竭盡所能地幫忙。但現有的匯款流程使匯款變得極其困難又昂貴。最需要錢的人，反而最難獲得金錢，匯款系統充滿了問題。

由於艾哈邁德是攻讀商學與經濟學，他決定好好研究匯款這個產業並修復它。

艾哈邁德畢業時，取得經濟學博士學位，成為艾哈邁德博士，並到聯合國開發計畫署（United Nations Development Programme，UNDP）工作。他的職責是幫助非洲的轉帳公司採用新模式，以符合九一一恐攻事件後的洗錢法規，幫忙確保資金不會轉移到恐怖分子手中。

根據他對匯款產業的了解，他預期這是充滿挑戰性的工作，但他很快就發現一件出乎意料的事情：最大的挑戰來自聯合國本身。在UNDP任職期間，艾哈邁德發現證據顯示，索馬利亞的聯合國匯款計畫中普遍存在著貪腐與詐欺。

他收集了一大份證據，準備提交給聯合國的內部監督事務處（Office of Internal Oversight Services）去調查，但主管叫他不要寄出。

「老闆說，我只要寄出那份證據，就無法繼續處理匯款業務了，我很認真看待他的威脅。」這時，匯款可說是他的主要專業領域。想要改善匯款這個產業，世界上找不到比他目前在聯合國的現職更好的工作了。

儘管如此，他還是提交了那份證據。

「我為了揭發騙局而丟了工作。」

老闆的威脅不是隨口說說，他馬上把艾哈邁德轉調到杜拜（他在那裡待到合約到期）。即使他有匯款專業，從此以後，他也被列入匯款業其他工作的黑名單。與此同時，他在聯合國發起的調查也毫無進展，擱置多年，被各部會互踢皮球。後來，非營利揭弊宣導團體「政府問責專案」（Government Accountability Project）才接下艾哈邁德提報的案子。

聯合國道德委員會（United Nations Ethics Committee）在政府問責專案的施壓下審查該案，並於2009年12月11日判定艾哈邁德當初的詐欺指控是正確的。道德委員會也裁定，艾哈邁德是職場報復行為的受害者，那違反了聯合國為了保護揭弊者所制定的原則，並判給他20萬英鎊作為補償。

他用那筆錢創立了WorldRemit。

從頭改造匯款業！問題是……

2010年，如果你想從頭改造匯款業，你會怎麼做？

這是艾哈邁德和他的新公司所面臨的問題。

最大的問題是現金。

讓匯款者在一處存入現金，再讓收款者在他處領取現金，從來都不是一件容易的事。但在1871年，西聯開始經營匯款

業務時，那樣做至少在某種程度上是有意義的，因為沒有更好的替代方案。

但是在二十一世紀呢？

數位化、手機、信用卡、線上支付，這些技術使現金不再是轉帳流程中必要的一部分。

如果匯款流程可以數位化，匯款代理者就不再需要在世界各地的數十萬個據點設立建築物，維持大量現金，雇用保全人員。總之，世界各地根本不需要匯款代理者。以前龐大的收費結構是匯款業的常態，以後艾哈邁德一輩子都不需要再面對這種收費結構了。

WorldRemit著手開始創立匯款的數位平台。

為移民設計一種數位匯款的方式並不難，因為多數移民是從已開發國家匯出款項，那些國家已經有可靠的數位基礎設施。儘管不是每個移民都有銀行帳戶，但多數的移民都有（在歐洲，移民擁有銀行帳戶的比例高達97％），因此WorldRemit可以透過銀行、簽帳金融卡、預付卡或信用卡，以電子方式匯出款項。

WorldRemit的數位匯款系統因國家而有些許差異。在一些國家，直接從銀行扣款最簡單；在另一些國家，刷卡扣款（簽帳金融卡或信用卡）比較方便。但無論是哪個國家，WorldRemit團隊都會努力幫顧客找到不必以現金匯款的最簡單方式。

至於收款端，情況就麻煩多了。收款人往往位於開發中國家，那裡的人可能無法經常上網，或是沒有智慧型手機或銀行帳戶。傳統匯款的成本高，大多是因為那些地方除了只能收現金以外，沒有其他更好的選擇。如果收款人沒有銀行帳戶，你就無法直接匯錢到他的銀行。假如收款人沒有智慧型手機，你就沒辦法匯款到他的手機。

因此，即使WorldRemit設法從匯款方移除現金，但這並未解決收款方的更大問題或成本。典型的收款人還是必須前往一個集中點（通常位於首都或匯款代理者所在的其他城市），但那些地點往往離收款人的住處好幾英里或需要跋涉多日。這種奔波跋涉的成本與風險令人苦不堪言。

如果艾哈邁德無法找到讓收款方不必收現金的方法；假如他無法為多數沒有銀行帳戶、沒有智慧型手機的人找到更好的替代方案，他就無法像他希望的那樣大幅改善匯款業。

幸好，他確實找到了更好的替代方案，它叫M-Pesa。

陽春手機也能行動支付

在Venmo、Zelle、iPhone出現以前，就已經有讓人透過手機匯款的服務。那項服務是2007年在肯亞開發出來的。

M-Pesa是英國沃達豐（Vodafone）與總部位於奈洛比的行動通訊商Safaricom合作的產物。M-Pesa的目的是為了解決一

個具體的問題：幫肯亞人獲得及償還銀行貸款，因為許多肯亞人沒有或難以取得銀行帳戶。

Safaricom的前執行長兼M-Pesa專案的創始人邁克・約瑟夫（Michael Joseph）解釋：「沃達豐參與了英國國際發展部（Department for International Development，負責管理海外援助的政府機構）提出的一項提案，該提案的目的是為了讓金融深入那些沒有銀行的社區。沃達豐的員工尼克・休斯（Nick Hughes）想出用手機支付及償還小額信貸的概念。他們來詢問Safaricom，能不能在肯亞做試驗。」

那個概念是讓顧客把錢存在手機的帳戶上。使用手機的簡訊服務，外加一個個人識別碼（PIN number），就可以把錢匯出及匯入。顧客不必去銀行分行，甚至不需要銀行帳戶，就能支付帳單。顧客可以像買預付電話卡那樣儲值到帳戶中，只要去任何加盟的商家就可以儲值。

M-Pesa的pesa在史瓦希利語中是「錢」的意思，m是「行動」（mobile）的簡寫。M-Pesa甚至不需要智慧型手機，它可以在任何有簡訊功能的行動裝置上運作。這表示，即使是2007年，肯亞也有近半數的人口可使用這項服務。

陽春的Nokia手機變成了無分行金融模式（branchless banking）的裝置。

但在Safaricom首次試推這項服務期間，公司很快就注意到，大家使用M-Pesa主要不是用來償還小額信貸，而是匯款

給彼此，尤其是城鄉之間的匯款，因為許多工作位於市鎮，那些離鄉背井到市鎮工作的人，會把錢匯回比較偏遠的鄉下地區。

Safaricom發現這個商機後，便回頭重新構思M-Pesa，以「匯錢回家」作為核心理念。

約瑟夫談及公司的轉型時提到：「那需要鉅額投資，承擔巨大風險。我們知道，只有在收款者所在地真的有地方可以兌現，這樣做才有效。」這表示Safaricom必須建立遍布肯亞偏遠地區的代理商網絡，讓大家在需要用錢時，可以去那裡把M-Pesa帳戶裡的錢兌換成現金。

即使做了投資、也建好了基礎設施，Safaricom團隊仍不知道大家會不會想用這項服務。

他們的商業計畫顯示，這個計畫若要存續下去，第一年結束時需要累積三十五萬名用戶，但約瑟夫覺得那個數字太低了。如果M-Pesa沒有流行起來，並在整個肯亞迅速傳播，它就無法存續下去。「我們必須打造隨處可見的配銷網路，必須塑造強大的品牌，必須在社區中脫穎而出。這個產品必須隨時隨地運行無阻。」

他告訴屬下：「你找不到一百萬個用戶的話，我就開除你。」這話有點開玩笑的意味。

有點吧。

他們於2007年3月正式推出M-Pesa，到了當年12月，他

們已累積一百二十萬個用戶。約瑟夫的屬下不僅保住了飯碗，他們也一直處於非常忙碌的狀態。

後續幾年，M-Pesa在肯亞囊括了越來越多的轉帳業務，用戶數成長至數百萬，後來達到數千萬。2010年，M-Pesa已擴展到坦尚尼亞、阿富汗、南非，成為開發中國家裡最成功的手機金融服務，為原本無法接觸銀行的人提供金融服務，也幫赤貧的人脫貧。[7]

重要的是，約瑟夫認為銀行不可能推出這種服務。他解釋：「銀行通常要求，系統推出六到九個月就要看到盈利，因為他們想看到投資報酬。然而，行動通訊業者不需要從M-Pesa獲利。能夠從這個服務獲利當然很好，但不是必要條件，因為他們獲得的效益是客戶的黏著度與忠誠度。」任何想使用這項服務及其低轉帳費的人，都必須是Safaricom行動網路的用戶。而這項產品讓Safaricom囊括了肯亞三分之二的市占率。另一方面，M-Pesa也持續在非洲、亞洲、東歐等地擴張，現在有三千萬個用戶。

先求普及，再求收入

「行動通訊業者不需要從M-Pesa獲利。能夠從這個服務獲利當然很好，但不是必要條件，因為他們獲得的效益是客戶的黏著度與忠誠度。」

利用陽春手機與在地的電信商、而不是銀行帳戶來提供金融服務的「行動支付」業正快速成長。而M-Pesa是這個「行動支付」業中，最早出現、也是規模最大的系統之一。在M-Pesa成功席捲市場以後，其他的電信業者也紛紛建立自己的「行動錢包」，比方說：烏干達的MTN、辛巴威的EcoCash、坦尚尼亞的Tigo。2020年，非洲各地的行動用戶預計將達到五億個。[8]

這正是艾哈邁德實現WorldRemit願景所需的技術。

但他找到了他想找的解方，並不表示電信業者就想與他合作。

「我們究竟是為了什麼而付錢？」

艾哈邁德回憶道：「早期因為有速匯金（MoneyGram）和西聯匯款，許多電信業者對我們能不能說服移民放棄傳統匯款方式、改用行動支付感到懷疑，接收方的銀行也對此充滿疑慮。」

因此，他必須說服移民相信，他的事業是取代西聯匯款的可行方案。他知道，如果不能證明WorldRemit能處理大量交易，他就無法做到這點。

「兩年內我們在三十幾個國家（約三十五國）取得執照，那種成長速度是這個產業前所未見的。」光是符合一個國家的

法規就充滿挑戰，要同時符合三十幾國的法規更是難如登天，要不是艾哈邁德已經在匯款業累積二十年的專業，那根本不可能完成。「我們想向合作夥伴顯示，我們可以處理大量交易，可以因應大量動能。如果我們只是待在英國或歐洲，這個事業是做不起來的。」

但這需要WorldRemit一開始就投入大量資金。「剛創業的最初三四年，我沒有拿創投業者的任何資金。」他不想讓投資者緊盯著他的事業，質問他為什麼把錢浪費在擴張上。「我只『浪費』天使投資人的錢。」他笑著說，「我們正在打造系統，想確保這個東西可以運作。直到2013年年底，我們開始向行動貨幣帳戶（尤其是在非洲）匯款後，才開始與創投業者洽談。」

知道何時以及如何成長

「剛創業的最初三四年，我沒有拿創投業者的任何資金⋯⋯我們正在打造系統，想確保這個東西可以運作。」

「WorldRemit正在打造的是軟體介面，亦即『軌道』，以連接匯款方的銀行與收款方的行動貨幣帳戶。這些軌道建好後，大家就可以使用WorldRemit在任何合作的機構之間立即匯款，手續費只要西聯匯款的一小部分。」

這個系統確實奏效了，投資者也注意到了。2014年3月，WorldRemit從知名創投業者Accel Partners（臉書的早期投資者）獲得了4,000萬美元的首輪投資。2015年，以TCV為首的B輪融資又浥注了1億美元。

不過，這個平台成功的真正證據是來自用戶。World-Remit被評為英國成長最快的科技公司，目前每月處理一百一十萬筆支付。該公司估計，2020年將有一千萬人使用這項服務，誰不想用呢？畢竟，WorldRemit的轉帳手續費平均才2％到3％之間，而傳統競爭對手的手續費則超過10％。

而且，收款方的用戶也省了很多成本，甚至比匯款方省得更多。數位化（從轉帳中移除現金）不僅節省交易手續費，收款人也不必長途跋涉到城市的匯款代理者那裡提取現金，款項不到三分鐘就直接匯入個人手機了。[9]

一般人之所以說「破壞性技術」，是因為那些技術讓我們很難回想、或想像它們出現以前的生活是什麼樣子。心理學家稱之為「享樂適應」（hedonic adaptation）：讓我們震驚、並突然改變我們的環境與行為的事情，很快就變得習以為常，理所當然。

WorldRemit就是這樣的技術。一旦大家看到金錢可以那麼迅速地在國際上移動，而且只要花費傳統成本的一小部分，大家不禁納悶：為什麼其他公司的收費那麼高？我究竟是為了什麼而付錢？

西聯匯款之類的傳統匯款服務現在不得不努力跟上新模式。他們老舊的營運方式，是他們唯一知道的運作方式。然而，那種高風險、耗時又昂貴的方式正面臨淘汰的危機。他們正搶著投入數位化，減少經常開支，降低手續費。

　　但最重要的是，他們正爭相證明，在現金不是那麼重要、可透過手機轉帳、銀行本身的價值開始受到質疑的時代，他們依然舉足輕重。

　　我們究竟是為了什麼而付錢？

Chapter 7

神祕貨幣

比特幣是從沉睡中覺醒的巨人，
因為它改變了貨幣的權力寶座。

查理‧史瑞姆（Charlie Shrem）身高165公分，個頭雖小，但刁鑽機靈得不得了。

史瑞姆向來古靈精怪，這是命運使然。他在布魯克林讀高中時，知道自己不是讀書的料（「我不是那種鶴立雞群、出類拔萃的學生。」），也無法靠社交技巧左右逢源（「我常去的網路聊天室，都是那些有社交障礙的人愛去的地方。」）

他唯一有的就是膽量，想在社會上混出名堂，他只能全憑膽量了。

他本來在紐約布魯克林的費拉布許（Flatbush）社區幫人修理電腦與印表機賺外快。而在電子業任職的表哥找上他，跟他討論幫電子公司清庫存的想法。

「我們去找電子公司，跟他們說：『你們有一千台數位相機嗎？別賣了，也不要對它們做任何事情，全部留給我。』」

那時史瑞姆還是高中生，根本沒有足夠的本錢買下一千台相機。

但他確實膽量過人。

「我們創立了一個網站，名叫DailyCheckout.com。」Daily Checkout專做「每日特惠」，每天只以折扣價販售一種消費性電子產品。每天早上，查理都會更新網站，訂單蜂擁而至。一天還沒結束，他就已經賺得盆滿缽滿了。

接著，他會回到那家電子公司，協商一個批發的大折扣，買下他需要發貨的東西。「無論我們賣出什麼，我們都會從廠商那邊批貨，再轉賣給顧客，基本上是賺一兩美元的利潤。」

Daily Checkout的營運關鍵在於，他們永遠不需要持有庫存：只要先確定訂單，拿到貨款，再去進貨就好，不必花一毛本錢。顧客喜歡這種模式，因為他們可以便宜買到優質的電子產品，電子公司也愛這種模式，因為那可以幫他們清庫存。「很多公司甚至還會幫我們直接出貨給顧客。」

對18歲初次創業的年輕人來說，Daily Checkout相當成功。「這家公司基本上就自己經營起來了，不太需要我們插手。我們每天發貨六百到一千五百件，生意很好。這個事業幫我支付帳單，也很有趣，我們做得很愉快。」

史瑞姆也靠這個事業繳清大學的學雜費，讀完了大學。

而大學也幫他把不同的興趣結合在一起：賺錢及觀察他
人。「我很喜歡端詳別人。我喜歡坐在咖啡館裡，觀察裡面的

機巧者：查理·史瑞姆

人及他們的反應。」但是上大學以前，他從來沒有以比較系統化的方式去了解那些反應，從來沒有想過去找出那些反應背後的原理。「我遇到一個很棒的經濟學教授，他教了我社會經濟學的概念。」史瑞姆說，「基本上那是在觀察，一旦涉及金錢與價值時，人類的行為如何影響日常生活及行為的各種屬性。」

研讀經濟學讓史瑞姆對很多事情開始產生興趣，後來甚至變得有點痴迷。那也讓他開了眼界，接觸到新的思維。「本來我不知道『奧地利學派』（Austrian economics）是什麼，也沒聽過米塞斯研究院（Mises Institute）。我只知道大家現今使用的東西：凱因斯學派資本主義之類的。」

他所謂的凱因斯學派資本主義，就是凱因斯經濟學。在二十世紀的大部分時間，那一直是已開發國家財政政策的基石。凱因斯經濟學是以英國經濟大蕭條時期的經濟學家約翰‧梅納德‧凱因斯（John Maynard Keynes）的名字命名。凱因斯經濟學主張，金融系統本質上並不穩定，如果任其發展，將永遠受到「腐敗與自私」作法的影響，並在繁榮與衰退及蕭條之間擺盪。由於這些波動對社會危害甚鉅，凱因斯建議，各國政府與央行應該運用監管與匯率操縱來引導經濟以減少波動，例如挹注或抽走現金以影響通膨，或以關稅來掌控國際貿易的流動。

1936年凱因斯剛發布這些論點時，並未獲得廣大的迴響，但後來大受歡迎，世界上每個已開發國家或多或少都落實

了他的理念。諾貝爾經濟學家米爾頓‧傅利曼（Milton Fried-man）曾說：「我們都是凱因斯學派的信徒。」後來連尼克森、柴契爾夫人等極端保守派人士也附和那說法。

但凱因斯經濟學背後的概念並沒有引起史瑞姆的共鳴。沒有什麼理由讓他相信政府或央行會做出對人民最有利的事情。相反的，監管機構對中介者比較有利，他說：「我不喜歡中介者，無論中介是為了什麼目的，我就是不喜歡中介者。」

史瑞姆喜歡的是自由市場，這就是他每天看到的情況：買家與賣家可以根據他們認同的物品價值來決定東西的價格，不需要政府法規來干預價值的衡量。他的網站Daily Checkout就是這樣運作的。他認為經濟大體上都這樣運作，至少在外力為了某些人的利益而介入干預以前是如此。

這也是為什麼大學期間網路聊天室的朋友介紹史瑞姆認識奧地利學派時，他會對那個學派如此認同的原因。

奧地利學派基本上跟凱因斯經濟學相反。這個學派是由經濟學家路德維希‧馮‧米塞斯（Ludwig von Mises）及其夥伴所領導。他們主張，每當政府干預自由經濟時，干預總是會偏袒一群人，但是對另一群人不利。這不僅不公平，其實也侵犯了人們的自由。他們認為，真正公平的唯一解方，是每個人都獲得平等對待，亦即自由市場。政府能為經濟做的最好事情，就是「自由放任」，什麼都不做。

史瑞姆很喜歡這種理念。他開始鑽研奧地利學派後，就停

不下來了。他掛在網路聊天室的時間越來越多，跟遠在挪威與英國的陌生人熱情地談論政府監管與匯率操縱的危險。

那時，其中一人送給他第一枚比特幣。

加密貨幣：一場隱私與信任之戰

比特幣這種東西可能有點難以理解。

「比特幣發展初期，沒有人真正知道那是什麼。」史瑞姆說，「你在Google上甚至搜尋不到那個字眼，那時還沒有網站或任何東西，只有一份白皮書。」

沒錯，世界上第一種加密貨幣是從一份白皮書發展出來的。

2008年10月31日，亦即雷曼兄弟倒閉六週後、歐巴馬當選總統的四天前，一個叫中本聰的人發布了一份九頁的白皮書，給電郵清單上的一小群密碼學專家，標題是「比特幣：一種P2P電子現金系統」（Bitcoin: A Peer-to-Peer Electronic Cash System）。在這之前，沒有人聽過中本聰這號人物。

在那份白皮書中，中本聰提出一套新數位貨幣的理論。那種貨幣不需要中介機構、政府或央行就能運作。該文一開始就提到：「一種純P2P版的電子貨幣，讓一方直接在線上付款給另一方，不需要透過金融機構。」[1]

「電子貨幣」的概念對這群密碼學專家並不陌生。那個電

郵清單是由一群捍衛隱私的電腦程式專家所組成的，他們以「加密龐克」（cypherpunk）自居，裡面不乏一些全球知名的

隱形人：中本聰

密碼學專家。cypherpunk是由cipher（加密）與cyberpunk（一種科幻小說類型，講述高科技反烏托邦未來裡的電腦駭客）所組成的字眼。

為什麼一群密碼學專家會關心電子貨幣這種東西？

吸引那些加密龐克聚在一起的原因，也是他們在電郵清單上主要討論的內容：軟體加密之類的隱私強化技術不止是謹慎的，對科技社會中的自由也非常重要。該組織的早期成員艾瑞克・休斯（Eric Hughes）於1993年起草了《加密龐克宣言》（*Cypherpunk Manifesto*），那份宣言開宗明義就提到：「隱私不是祕密。隱私是一個人不想讓全世界知道的事情，但祕密是不想讓任何人知道的事情。隱私是選擇性地向外界展示自己的權力。」

在這個新電子時代，我們幾乎已經完全喪失了這種有時想要自行決定與匿名的權力。攝影機追蹤我們的行動，臉部辨識軟體揭露我們的身分，銀行與信用卡公司握有我們長期購物的完整記錄。《加密龐克宣言》繼續寫道：「我在商店裡以現金買一本雜誌時，沒有必要知道我是誰。」但在刷卡購物之類的電子交易中，一個人的交易與身分是相連的，有權取得那資料的人可以買賣那些消費史。「我沒有隱私可言，我無法選擇性地展示自己，必須始終暴露自己。」[2]

因此，加密龐克長久以來一直對於開發隱匿個資的電子支付方式很好奇，他們依據的前提是：自由需要隱私選擇權。

但是，為了設計這種系統，加密龐克需要解決一些問題。首先，他們需要開發出無法輕易偽造的數位檔案。數位檔案在預設情況下，很容易複製。因此，任何型式的電子貨幣系統都必須讓每筆錢都有某種獨特性，使它很難或無法偽造。

第二，電子貨幣需要一種方法來指明所有權（指明這是誰的錢），同時保護一個人的真實身分。這個問題本身對密碼學來說不是什麼新鮮事，也不是特別難，可用「非對稱加密」（asymmetric cryptography）解決。「非對稱加密」是指每個人都有一個數位簽章，由兩個部分組成：一個是可以與任何人共用及四處發布的「公鑰」，一個是只有主人才知道的「私鑰」。任何人都可以使用公鑰對資訊加密，把它轉變成可安全傳輸的加密資料。但那個加密資料只能由私鑰的主人解密與讀取。

但關於這些金鑰的更大問題是：誰該驗證它們的真實性？誰是那個軟體的守護者？如果連意圖良善的代理人都可能被法院傳喚或被駁，我們如何把那種監督保管權託付給任何人？

而且，這個監管問題不僅適用於證明誰擁有某筆電子貨幣的數位簽章，也適用於那筆錢的任何轉移。例如，有人想花那筆錢或匯給別人時，大家如何知道那筆錢變動了？在實質的現金系統中，大家可以輕易看到價值從一人轉移到另一人，因為我們可以看到誰持有現金。而且，不會有人在兩個地方重複消費同一張20美元的紙鈔。但數位貨幣是看不見的現金，那需

要一套會計機制以防一個人重複消費同一筆錢，加密龐克稱之為「一幣多付問題」（double-spending problem）。

信用卡公司與銀行是靠記帳來避免這種一幣多付的問題。這也是為什麼每次你刷卡消費，商家都會刷卡等候核准：發卡行正在確認你是否真的有你想消費的錢。它檢查帳冊，看還有沒有額度。如果有，就核准交易並更新帳冊以反映你的新餘額。

但加密龐克想要的解方是，不必依賴「可靠的第三方」就完成帳冊更新，因為他們認為沒有第三方是可以充分信任的。

事實上，信任問題就是當初創造新貨幣的最大動機。

現在的金錢完全是靠信任運作的。我們收付的美元之所以保值，是因為我們都認同它有價值。而我們之所以如此認同，是因為我們信任根本的系統，這裡是指聯邦準備銀行與美國政府。

以往，這種信任是來自「金本位」，亦即美國政府決定把美元價值直接釘住黃金：每盎司黃金的價值固定是20.67美元。持有1美元紙鈔的人都知道它的實際價值，任何時間都可以合法以那個價格兌換成黃金。每個人都可以相信美元的價值，因為美元相對於黃金的價值是明確、不變的。只要金本位存在，大家都可以把美元兌換成黃金，政府想要增加經濟中流通的現金量只有一個辦法：取得更多的黃金。

但是，在經濟大蕭條期間，這種方式出了問題。政府面臨

失業率不斷攀升，通貨緊縮如滾雪球般越來越嚴重，政府需要在經濟系統中注入更多的貨幣，但做不到，因為流通的美元數量綁定金本位。1933年，國會與羅斯福總統要求人民把黃金兌換成現金，並重新設定金本位，從每盎司20.67美元改為每盎司35.00美元，此舉立即為經濟系統注入更多的現金。

一般普遍認為，這招（凱因斯經濟學的經典案例）幫助美國走出蕭條。

但是人民對政府的信任呢？

政府理當為人民的利益著想，那些因為美國政府重訂金本位、而財富突然貶值的人怎麼辦？

如果聯邦政府可以在一夕間重設美元價值，誰還相信美元是保留財富的可靠地方或可預測的地方？

自從取消金本位制以來，美元的價值持續波動，不是跟著黃金價值波動，而是跟著市場對美國整體價值的信任波動。[3]聯邦政府的貨幣政策持續操弄系統，以增減流通在外的美元數量，目的是為了盡量減少潛在的市場干擾。聯準會的政策是把通膨率維持在2%左右，這表示每個人的財富每年都會縮水2%，因為這個通膨率掩蓋了逐漸擴張的經濟。

目前為止，市場對美國整體價值的信任一直維持不變。但是，想找這種信任動搖、導致人民乃至於整個社會關係都遭殃的例子，並不需要追溯到太久以前的歷史。最惡名昭彰的例子，可能來自德國一戰戰敗後成立的威瑪共和國。當時貨幣大

幅貶值到幾乎一文不值，人民甚至覺得把紙鈔拿來生火取暖是最佳運用。不過，同樣的突然貶值也發生在二戰後的希臘與匈牙利，蘇聯解體後的南斯拉夫，以及2008年的辛巴威（當時辛巴威的通膨率高達790億％）。

一旦對國家的信任崩解，該國貨幣的價值就會瞬間消失。

因此，許多加密龐克想用電子貨幣解決的另一個問題是，打造更紮實的信任系統。他們想要的貨幣是不依賴任一國家，不能被任何第三方人為操縱的。加密龐克尼克·薩博（Nick Szabo）表示：「真正值得信賴的第三方，無論是央行、還是私人貨幣發行商，都很容易陷入過度擴張與過度膨脹，即使偶有相反的情況。而且，它們也很容易被政府接管。」[4]

開源

「真正值得信賴的第三方，無論是央行、還是私人貨幣發行商，都很容易陷入過度擴張與過度膨脹，即使偶有相反的情況。而且，它們也很容易被政府接管。」

信任問題也不是演算法就能解決的問題。薩博接著又說：「任何演算法就像以前的金本位，很可能在『危機』中遭到修改。因為可靠的第三方無法做出強而有力的可信承諾，堅持沿用同一套演算法。」

因此，要做到真正的可靠，加密龐克發明的電子貨幣系統

不僅需要解決加密問題、偽造問題、一幣多付問題，還需要解決第三方（**包括貨幣發行者**）可能操弄的問題。畢竟，唯一真正值得信任的貨幣，是無法操弄的貨幣。所以，那是按透明規則運作的貨幣，其價值只由自由市場決定。

比特幣，解決了一切問題

多年來加密龐克一直努力為這些問題思考解方。早在1998年，那個群組的成員戴維（Wei Dai）就提出名為b-Money的方案。那個方案是建議b-Money的每個用戶，對所有的b-Money交易各持一份個人帳本，以解決一幣多付的問題。如此一來，萬一有人想要重複使用同一筆錢，網路上的其他帳本都可以偵察到差異。

2005年，薩博針對數位貨幣的偽造問題提出了解方。他是借用亞當·貝克（Adam Back）以前為了避免垃圾電郵而提出的方法，貝克稱之為「工作量證明」（proof-of-work）系統。為了防止有人漫無目的地亂建數位檔，每個檔案都必須包含工作量證明（基本上就是電腦必須費時去解開數學難題，但一旦解開難題，其他的電腦都很容易驗證）。工作量證明系統將使偽造數位檔的成本變高（需要消耗時間及運算力），也會使偽造過關的可能性接近於零，因為網絡中的其他電腦可以輕易查核偽造者的工作量證明。

但是在比特幣出現以前，這些數位貨幣提案都無法充分解決數位貨幣的所有問題。

加密龐克：尼克·薩博

《比特幣白皮書》處理了加密龐克幾十年來一直在研究的一切問題。雖然那份白皮書只有九頁，但可以明顯看出撰寫者對密碼學、經濟學、電腦科學，以及多年來加密龐克為了解決數位貨幣問題所做的研究都有深入的了解。

　　那份白皮書不僅了解加密龐克之前的提議，也改善了所有的提議。

　　這個中本聰究竟是誰？他是從哪裡來的？

　　比特幣真的可以運作嗎？

　　關於前兩個問題，寶貴的資訊很少，只有他自己撰寫的籠統個人簡介（「三十七歲，男性，日本」），[5] 沒有人能找到一個叫中本聰、又具備撰寫《比特幣白皮書》所需專業知識的人。[6] 該文作者顯然是保護隱私技術的專家，他大費周章確保傳送至那個電郵清單的任何發文都不能追溯到源頭，無法揭開作者的真實身分。況且，一個如此致力保護隱私的人，也不太可能以真名發布白皮書。

　　另一方面，加密龐克群組的許多成員對於白皮書作者的真實身分各有自己的臆測，畢竟這世上擁有那些專業的人並不多。[7] 但每次有人提出一個名字，被點名的人都否認自己是中本聰，所以大家始終爭論不休。

　　與此同時，中本聰本人（他？或他們？）比較有興趣討論白皮書的內容，而不是中本聰身分的細節。中本聰與加密龐克郵寄清單中的其他成員合作（包括論文中提到的許多人，他們

之前曾幫忙採取一些作法以解決數位貨幣的問題）。

接著，2009年1月3日，中本聰推出比特幣網絡，落實白皮書裡的一切概念。

比特幣這個解方的核心是「分散式帳本」，亦即所謂的「區塊鏈」。每次創造或交易比特幣時，這筆交易都會記錄在資料庫中，這個資料庫稱為「區塊」。新區塊是附加在所有舊區塊的尾端，形成一條「鏈」。而區塊鏈是比特幣所有交易的帳本。

但這個帳本不是只有單一權威性的版本，而是有許多完全相同的版本分布在整個網絡中，所以不會遺失，也不會遭到操弄。篡改一份帳本（例如試圖偽造比特幣或完成一筆未驗證的轉帳）是沒用的，那個異常帳本會和網絡上的其他帳本兜不起來，因此會遭到其他帳本推翻與覆蓋。

比特幣的許多技術都是為了確保區塊鏈上的每筆新交易是真實的。每一筆交易利用非對稱加密技術，與唯一的數位簽章相連，並以每個使用者的公鑰對外公開，但用戶的真實身分受到私鑰的保護，並存在用戶的「錢包」中（錢包是保存比特幣的軟體）。

系統每十分鐘就會增加一個新區塊，裡面包含上個區塊出現以後的所有比特幣交易。為了驗證每個區塊的真實性，系統依賴P2P網絡來解開一個複雜的密碼數學題，並把這個數學題的解答附在新區塊上，作為「工作量證明」。這個機制確保每

個新區塊都很難創造出來，但一旦創造出來，就很容易驗證。

　　解開這些數學題需要耗用大量的電腦運算力，為了鼓勵這個網絡的用戶使用自己的電腦（以及隨之而來的電力），完成「工作量證明」的用戶，可獲得新的比特幣。[8] 而這個搶著解開密碼數學題、以換取新比特幣的流程，稱為「挖礦」，是該系統產生新幣的唯一方式。

　　最初，比特幣剛出現，區塊鏈只記錄一點點交易時，「礦工」可以比較輕鬆地解開數學題，迅速為這個系統注入許多新幣。[9] 這也是為什麼在比特幣推出後的最初幾週與幾個月裡，一小部分的狂熱分子突然擁有大量他們認為幾乎毫無價值、也無法花用的貨幣。[10] 那時他們互贈彼此數千枚比特幣，純粹只是覺得好玩。據估計，中本聰本人在比特幣網絡出現的第一年，就開採了約一百萬枚比特幣。

　　接著，2010年12月12日，中本聰就失蹤了。

　　從此以後，事情的發展開始變得有趣起來。

走進沃爾瑪，就能買比特幣

　　史瑞姆很愛比特幣。「我發現比特幣其實是把奧地利學派的所有理論都付諸實踐，那是一個純粹的市場，只看供需與通膨等等，這對我來說有趣極了。」

把概念付諸實踐

「我發現比特幣其實是把奧地利學派的所有理論都付諸實踐，那是一個純粹的市場，只看供需與通膨等等，這對我來說有趣極了。」

史瑞姆決定出售Daily Checkout網站，把整個身家全押在比特幣上。

問題是，比特幣剛出現時，根本沒有方法讓他把籌碼全押在比特幣上。「那個時代，如果你想買比特幣，交易價約是一枚50美分或1美元。你必須去網路上找那些詭異的貨幣交易所，把錢匯到日本某個可疑的銀行帳戶。」整個流程緩慢、笨拙、不便，而且可能充斥著詐騙。

史瑞姆相信比特幣的概念，他知道這個東西確實有潛力，但如果一般人想取得比特幣那麼難，那就另當別論了。於是，他像往常一樣，去了網路聊天室，花很長的時間跟大家討論經濟學與加密貨幣，尤其是比特幣的購買與交易。

他在其中的一個網路論壇上遇到蓋瑞斯・納爾森（Gareth Nelson），納爾森有個「加速取得比特幣」的想法。史瑞姆主動找上他，兩人交換意見。幾個月後，也就是2011年9月，他們一起創立BitInstant，由史瑞姆擔任面對外界的執行長，有自閉症的納爾森則是擔任幕後的技術長。

他們以史瑞姆的自有資金1,000美元，再加上他向母親借

的1萬美元，創立這家公司。

　　史瑞姆說：「這家公司的前提是讓人購買小額比特幣，約莫300至400美元的價值。」BitInstant與美國各地的零售店合作，讓人有地方拿現金去兌換比特幣。「我們與許多在CVS藥局、沃爾瑪、杜安里德藥局（Duane Reade）、沃爾格林藥局（Walgreen）、7-Eleven等商店有實體據點的支付處理商合作。」

　　BitInstant的業務是這樣運作的：顧客連上BitInstant的網站下單購買比特幣，輸入他的比特幣錢包帳號（他的公鑰），以便比特幣轉移到他手中。但他們不是在網站上刷卡買比特幣，因為那樣做等於抹煞了比特幣的很多好處（貨幣的匿名性）。相反的，顧客下單後會列印一張收據，接著再把收據拿到BitInstant合作的零售店，付錢給收銀員。二十分鐘內，史瑞姆的公司就會把比特幣轉到顧客的比特幣錢包。

　　某種程度上，BitInstant和Daily Checkout沒什麼差異：[11] 史瑞姆沒有庫存，至少他持有的比特幣並不多，也不是長期持有。他收到顧客的訂單後，把訂單匯總起來，從他開了帳戶的某家較大型「偽貨幣交易所」大批買入比特幣，並針對每筆訂單向顧客收取小額手續費。

　　但這種商業模式確實需要「浮動差額」（float）才能運作，也就是說，他從零售商店收到現金以前，自己手頭上要有足夠的錢，以便短期內支應那些訂單。

他解釋：「假設你在7-Eleven買比特幣，我使用SoftPay這個支付處理商。你走進7-Eleven對店員說：『我要繳費。』他們會收你的錢。那週結束時，SoftPay扣掉他們收的手續費後，把餘款交給我。但顧客付款二十分鐘內，我就要把比特幣匯入他的錢包，所以我需要先自掏腰包代墊。無論交易量是多少，我都需要有雙倍的資金才能處理交易。」他需要足夠的資金以便購買顧客對他下單的比特幣，也需要馬上把比特幣匯給顧客，儘管他平均還要等六個工作天才會收到貨款。

有很長一段日子，母親借他的1萬美元還足以支應每週的浮動差額。「只要能在六天內拿回那1萬美元，就沒問題。」

這種有點不穩的商業模式原本運作得很好，足以讓BitInstant的事業發展起來。但後來，發生了一件事：比特幣開始成長。《時代》、《Gawker》等主流媒體的報導，使加密貨幣的知名度開始散播到少數幾位熱情的電腦技客之外。隨著這些新進者開始購買比特幣，其價值也從年初的每枚30美分飆升至年中的30美元以上。

不過，即使是比特幣的早期使用者，也不太知道該如何解釋比特幣究竟是什麼，或它是如何運作的。比特幣是一種奇怪的資產，每個人都說它可能在一夕間價值變成兩三倍，但它看不見，也摸不著。相較之下，BitInstant是每個人都能理解的東西。它是有形的，你可以走進一家店去買那種奇怪的資產，然後拿到一張紙，上面寫著你擁有它。「當時沒有別的零售方

式可買到比特幣。」史瑞姆回憶道,「我們讓人走進沃爾瑪就可以買到比特幣,所以大家對此趨之若鶩。」

BitInstant開始蓬勃發展。短短幾個月內,該公司就在美國擁有近一百萬家的購買據點。

「一夜之間,我們的銷量暴增。」史瑞姆說:「成長幅度令人難以置信。第一個月的交易量約3萬美元,第二個月約6萬美元,接著就漲到10萬美元,然後每個月都翻一倍。」

這種成長幅度意味著他每天向貨幣交易所下的比特幣訂單越來越大,每天他都需要更多的現金來支應浮動差額。「我們後來發現,四十五天以後,我們就沒有足夠的錢支付一切了。於是,我們與流動性提供者達成信用額度協議,接著又以超高的利率跟人借錢。我差點被迫關閉BitInstant,甚至去上某個網路電視節目,對每個觀眾說:『我需要錢,現在就需要!』」

上了網路電視節目後,當晚,他收到素不相識的羅傑・維爾(Roger Ver)發Skype訊息來問:「你需要多少錢?」

維爾是矽谷土生土長的激進自由主義者,曾因在eBay上販售炸藥而入獄,後來搬到日本。他成了BitInstant的第一個外部投資者。「我們連文件都還沒弄好,他已經匯12萬美元給我了。」

這足以讓BitInstant繼續營運下去。

隨著公司的發展,史瑞姆的名氣也越來越大。當時比特幣社群裡的人並不多,像史瑞姆那樣執著及直言不諱的更是少之

又少，他儼然成了這種奇怪新貨幣的代言人。在比特幣社群討論這個新興產業的細節、辯論、決策的留言板上，都可以看到史瑞姆的蹤跡。2012年9月，就在BitInstant推出約一年後，史瑞姆與幾位加密貨幣的支持者創立了比特幣基金會，以「透過標準化、保護、推動開源協定，來加速比特幣的全球成長」。

在這個新名氣的加持下，史瑞姆吸引到下一批的天使投資者：一對身高約一九六公分的奧運選手，他們本身就是一對名人。拜2010年美國導演大衛・芬奇（David Fincher）執導的電影《社群網戰》（*The Social Network*）所賜，卡麥隆・溫克勒佛斯（Cameron Winklevoss）以及泰勒・溫克勒佛斯（Tyler Winklevoss）這對雙胞胎的名字變得家喻戶曉（人稱Wink-levii）。眾所皆知，溫克勒佛斯雙胞胎宣稱他們在臉書創立的過程中扮演要角，並控告祖克柏剽竊臉書的創意。據報導，訴訟結束時，這對雙胞胎收到了5億美元的現金與股票。

現在他們正在尋找投資的地方。

大舉投入比特幣

如果你是創投業者，找到一家願意讓你投資的新創企業通常不是什麼大問題，尤其科技業更是如此。但是溫克勒佛斯雙胞胎找上他們想投資的公司時，卻常吃閉門羹。

問題在於他們曾和祖克柏開戰，由於矽谷每家新創公司都寄望將來被科技巨擘收購，沒人願意冒險站在祖克柏的對立邊。矽谷盛傳，臉書絕對不會收購溫克勒佛斯投資的公司。這對雙胞胎發現他們的資金好像有毒似的，西岸沒人敢碰。

　　因此，他們飛往東岸，鎖定一家廣受媒體報導的比特幣公司，並找那家公司的執行長討論可能的投資機會。他們一抵達才發現，那家公司的執行長是年僅22歲的史瑞姆，辦公桌上還擺著三個水煙壺。

　　但無論史瑞姆有什麼缺點，畢竟他很懂比特幣，知道如何以充滿熱情的方式把比特幣講得頭頭是道。卡麥隆說：「史瑞姆投入這個領域很久了，在比特幣圈子裡享譽盛名。他認識這個圈子裡的每個人，圈子裡的每個人也都認識他⋯⋯關於那些投入比特幣的人，他們最令人振奮的特質是，那真的是充滿熱情的社群，史瑞姆又是熱情的創業者，他的生活完全與比特幣融為一體。」[12]

　　儘管史瑞姆的辦公桌上擺著水煙壺，溫克勒佛斯雙胞胎還是相信他會把比特幣帶往更蓬勃的未來，他們也可以跟著發達。他們與史瑞姆談完時，史瑞姆已經說服他們大舉投入比特幣，把他們變成比特幣的信徒。他們花了140萬美元買進二十萬枚比特幣，使他們一舉持有約1%流通在外的比特幣。他們也同意資助BitInstant 150萬美元，以換取該公司2%的股份。

　　信不信由你，當時說服他們投資的其實是史瑞姆的商業頭

腦。泰勒說：「這個領域有很多創業者都很厲害，但這一行需要兼具兩種專業。第一是技術，第二是了解金錢服務與監管，

雙胞胎：卡麥隆與泰勒·溫克勒佛斯

以及對永續發展很重要的一切東西。我們發現這個領域的多數創業者與公司都擁有技術，他們的技術都很強，但他們很難做到保守經營及看起來像一般銀行一樣。我們覺得BitInstant與史瑞姆在這兩方面都做得很好。」[13]

然而，許多人看史瑞姆與他的公司時，並不覺得那家公司「看起來像一般銀行」。史瑞姆回憶道：「我們找了一個房地產仲介，請他幫我們找一間新的辦公室，他問道：『你們是做什麼的？』我們也不知道該怎麼跟他解釋。但我們告訴他：『我們需要一名武裝的保全人員，需要毛玻璃牆，以免有人走出電梯時，一眼就看到辦公室裡面的情況。為了符合申請執照的要求，我們需要有自己的樓層。』他聽了以後說：『可是我不懂，你們只是一群孩子。』我們還刻意雇用一個50歲的傢伙……他的工作是代表我們去銀行與保險公司。這樣做有幫助，因為銀行不會讓20歲的人開戶。」

史瑞姆變成第一批比特幣富翁之一。比特幣的價值持續飆升，BitInstant的交易量從每天幾百筆增至幾千筆，史瑞姆的財富也跟著大增。他搬出了父母家的地下室，買下一家夜店，每晚辦派對，夜夜笙歌。他登上《商業週刊》（*Businessweek*）的封面，開始戴金戒指，上面刻著比特幣錢包的私鑰。有人因為那只戒指而幫他取了「四指史瑞姆」的綽號，因為大家深信，有朝一日小偷會為了取得私鑰、而切斷那根帶著金戒指的手指。

他坦言：「那種生活方式確實讓我有點沖昏了頭。」

恐怖海盜與暗黑絲路

打從一開始，比特幣就有點像狂野西部，一直吸引著某種類型的數位牛仔，這主要是與加密貨幣的設計有關：它沒有中央權威，唯一的規則是以程式碼寫進軟體中。這表示最初使用比特幣需要一定程度的技術能力，因此在日益成長的線上駭客社群中，它成了那些駭客的新玩物。

當然，比特幣最瘋狂的一點，是它可以完全匿名買賣，而匿名的麻煩在於它很容易惹上麻煩。加密貨幣之所以吸引「加密無政府主義者」，是因為理念相投，他們深信每個人都應該有隱私權。不過，對於需要祕密進行線上交易的人來說，比特幣有更務實的吸引力，因為這群人之中有不少毒販、武器走私者、黑市販子。而比特幣是線上買賣非法物品的絕佳方法。

比特幣問世三年後，在2011年2月，一個堅定（或許也激進）的自由意志主義者，化名為「恐怖海盜羅伯茲」，創立一個購物網站，名叫「絲路」。他創立該網站的理念是「只要不傷及他人，每個人都應該有權買賣他想要的任何東西。」[14] 為了保障用戶的匿名性，用戶只能透過加密的Tor瀏覽器連上絲路網站，且交易只能用比特幣結帳。

不管「恐怖海盜」是出於什麼理想創立絲路，絲路很快就

變成以交易毒品聞名的地方：毒品占絲路供貨的70%。儘管該網站的服務條款明確禁止販售兒童色情、武器或任何意圖「傷害或詐騙」的物品，但絲路上也販售不鏽鋼雙節棍（0.4182比特幣）、假美國護照（0.2646 比特幣）、駭入 ATM 指南（0.5652比特幣）。[15]

2011年，由於絲路是少數接受比特幣的線上商家，這種暗黑網站的負面形象也玷汙了比特幣的聲譽，導致執法單位開始仔細審查兩者。2012年，FBI 擬了一份報告，詳細列出比特幣導致他們防範犯罪的工作變得更加困難的所有方式。[16]

監管機構與法院也開始注意到比特幣。到了2013年，比特幣的價值大幅飆升。年初價位是13.3美元，年底已飆至770美元，連半信半疑的投資者也開始買進。加密貨幣交易所連續發生多起遭駭及詐騙事件，導致消費者開始尋求政府提供某種監管與保護。

但是，既然這種貨幣當初的設計就是為了不受監管，政府要如何下手？

而且，它真的算是一種貨幣嗎？貨幣有兩種功能。一是你可以拿去購物，二是它可以保值。貨幣之所以實用，是因為你可以花它，也可以囤它。

但比特幣又不是我們可以輕易花用的東西，沒有人能去超市用比特幣買麵包。這有部分原因在於它尚未獲得商家的普遍接納，而這點可能會隨著時間而變。另一部分的原因在於比特

幣的價值波動太大，用起來不切實際。比方說，2011年年初比特幣的價值是1美元，6月中旬漲至32美元，11月又跌回2美元。[17] 你今天買一條麵包的錢，明天也許可以用來買一輛藍寶堅尼跑車，所以用比較穩定的貨幣來買麵包安全多了。

比特幣的不穩定性也使它不適合用來儲存價值。畢竟，它太不可預測了。如果你把所有的美元都轉換成比特幣，然後藏在床底下（數位錢包），你無法保證六個月、六年或六十年後再去看時，財富仍在那裡。古往今來，遇到波動性那麼大的貨幣，大家通常會把財富轉換成比較保值的大宗商品，例如黃金、石油，甚至糖。

但2012年與2013年，賽普勒斯人民面臨金融危機時（歐盟基本上突襲了人民的私人存款帳戶，以收回銀行與政府積欠的債務），許多賽普勒斯人湧向比特幣的懷抱，把它當成更**安全**存放財富的地方，而且歐盟銀行也無法觸及那些錢。賽普勒斯的金融危機肯定了比特幣是可行的貨幣，也證明了它的創立理念：你不能相信政府或銀行發行的法幣，因為「可靠的第三方」根本不存在。[18]

儘管比特幣很奇怪，但越來越多人與機構把比特幣視為正統貨幣，政府也開始跟進。2013年，聯邦法官裁定，比特幣確實是貨幣，比特幣儲蓄信託（Bitcoin Savings and Trust，BST）需要把它視為一種貨幣（證管會指控總部設於德州的BST侵占資金）。隔週，紐約州金融服務署向二十二家比特幣

相關公司發出傳票，以便該單位評估這些公司在各種非法活動中的角色，並試圖提出一套監管架構。

「非法活動」是政府意圖監管比特幣的主要驅動力。畢竟，比特幣破壞了2001年9月11日以後、為打擊恐怖主義與洗錢而實施的許多規則，情報機關不可能放任這種情況發生。10月，FBI關閉了絲路，並決定嚴懲其創立者以收懲一警百的效果。據報導，絲路的創立者是29歲的羅斯・烏布利希（Ross Ulbricht）。這名非暴力、首次犯罪的「恐怖海盜」因洗錢、侵駭電腦、合謀販毒而遭到定罪，被判處兩次連續無期徒刑，外加四十年監禁，不得假釋。

政府也加強對比特幣交易所的監管，裁定它們需要獲得「匯款商」的執照才能營運。這是一個代價高昂的流程，也需要持續受到監管。政府堅稱，為了密切注意洗錢活動，這種監管是必要的。但是對比特幣社群來說，這根本就是金權政體。史瑞姆解釋：「匯款法是一群支付商聚在一起開會討論出來的。基本上就是西聯、PayPal、速匯金之類的大公司。坊間盛傳，他們幫忙推動這些法律的施行，因為只有他們有財力負擔得起執照的申請。」

但政府並不打算退讓。6月，紐約州金融服務署發了一封警告信給BitInstant，要求它遵守管理匯款業務的規定。

史瑞姆不僅是BitInstant的執行長，也是BitInstant的法規遵循長，所以他仔細鑽研了執照申請流程。「為了在全美五十

州獲得匯款執照，你需要付出1,500萬至2,000萬美元的律師費與保證金。所以，除非你能籌到一大筆錢，不然那幾乎是不可能的。」

BitInstant因為無法籌到錢以申請執照，於7月黯然結束營運。

「那真是太慘了，太糟了。」

他抱怨，那也很不公平。「PayPal從來沒有匯款商的執照，但是他們把事業做得很大。等到該拿執照時，政府只是對他們罰款，還幫他們取得執照，然而他們從來沒有停業過。他們非法經營了一陣子，一夕間就地合法，我們根本沒有那種特權。」

不過，如果史瑞姆以為關閉BitInstant以後，麻煩就結束了，那他可就大錯特錯了。他去阿姆斯特丹參加比特幣會議，回國時有十五名政府特務在機場等他，那是由FBI、國稅局、緝毒局、紐約警局所組成的聯合工作小組。

「他們走到我面前，遞給我一張拘捕令。」

他被指控的罪名包括：共謀洗錢、未申報可疑活動，以及無照從事匯款業務。這些指控都是源於BitInstant與一位客戶的關係。他只知道那個客戶叫「比特幣王」（BTCKing）。比特幣王從史瑞姆那裡買了價值100萬美元的比特幣，再加碼轉售給絲路的用戶。

BitInstant只是一家營運類似銀行或提供貨幣兌換服務的

交易所，既然如此，為什麼他得為客戶運用個人資金的方式負責？維爾（史瑞姆的第一位外來金主）為他辯護：「即使政府聲稱的一切都是真的，史瑞姆並沒有做任何不道德的事情。」[19]

但最終史瑞姆俯首認罪。法律規定，任何匯款商都必須向政府通報疑似非法的活動，但史瑞姆並未做到。「我認罪，我知道他把比特幣轉賣給絲路上的人。」

他辭去比特幣基金會副主席的職務，並在25歲時被判處兩年的徒刑。

入獄的第一天，他的印象很「模糊」，但他確實記得一件事：等待來自西聯的匯款。西聯就是那家遊說政府要設立匯款商執照、而導致史瑞姆入獄的公司。那家公司在多方面都正好是比特幣想要推翻的東西。[20]

坐牢的經歷讓史瑞姆變得更謹慎小心。「在監獄裡，沒有人說：『我是無辜的，我沒有做錯事。』坐牢的人不會那樣。你坐牢，就是有罪。你為你的罪過來坐牢，你正在改邪歸正，坦承不諱，乖乖服刑，改過向善，繼續向前，過你的人生。」

在「繼續向前」方面，史瑞姆做得還不錯：出獄以來，他不知怎的在佛羅里達州買了一棟價值200萬美元的房子，兩輛瑪莎拉蒂跑車，兩艘汽艇，還做了一些房地產投資。現在他的職業是加密貨幣顧問，事業蒸蒸日上。

支持監管！與加密貨幣圈背道而馳

自從BitInstant結束營業後，另兩位也「繼續向前」的人是溫克勒佛斯雙胞胎。史瑞姆被捕時，溫克勒佛斯雙胞胎聲稱他們是BitInstant的「被動投資者」，沒有參與公司的日常營運，也否認他們知道史瑞姆與「比特幣王」或「絲路」的互動。

溫克勒佛斯雙胞胎仍堅定地投入及投資加密貨幣。當政府設立的昂貴執照要求，導致BitInstant等多家加密貨幣交易所倒閉，他們覺得這是大好機會。因為他們與多數的交易所不同，兩人坐擁臉書財富，有財力為執照付出龐大的費用。

俗話說：「淘金熱出現時，賣鐵鎬與鏟子才是真行家。」

2015年10月，這對雙胞胎推出一家新的加密貨幣交易所，名為「雙子星」（懂吧？）而符合執照要求是他們最大的賣點，他們自豪地把它當成公司的宣傳口號：「合法的加密貨幣交易所」。雙子星也是第一家有聯邦存款保險公司提供保險的加密貨幣交易所。

雙子星主要是鎖定機構投資者（例如想把加密貨幣納入投資組合的華爾街交易員），但2019年該公司在紐約市各地推出一個廣告宣傳活動，大打「不混亂的加密貨幣」、「改革需要規範」之類的口號。雙子星的行銷長告訴《華爾街日報》：「我們認為，進入加密貨幣市場的投資者應該得到與傳統市場投資

者完全一樣的保護，遵守相同的標準、實務、法規、合規協定。」[21]

　　但雙子星支持監管的作法，與圈內許多人的理想背道而馳。加密貨幣圈的人認為，那樣做違背了當初創造加密貨幣的初衷。雙子星之所以能在BitInstant失敗的地方成功，主要是因為溫克勒佛斯雙胞胎有足夠的本錢，可以跳脫政府的所有監管枷鎖。政府那套系統對每個人並非一視同仁。比特幣愛好者聲稱，那根本不是中本聰想要的世界。

　　史瑞姆在最近一篇寫給加密貨幣圈的文章中寫道：「比特幣是從沉睡中覺醒的巨人，因為它從根本永遠改變了貨幣，更重要的是，它改變了貨幣的權力寶座。對我來說，這是比特幣與加密貨幣最重要的一點：它把權力盡量傳播給最多的人。中本聰把金錢民主化時，他所做的是讓每個活著的人，以及未來的世世代代，獲得極大的個人自由。」[22]

　　雖然秉持加密龐克精神的加密無政府主義者，與支持監管以利加密貨幣合法化的人仍持續對立，但中本聰留下的真正成果卻是截然不同的東西。因為事實證明，《比特幣白皮書》中真正的創新並不是比特幣。

　　而是區塊鏈。

　　有些人認為，那才是真正從根本永遠改變世界的東西。

Chapter **8**

分散與去中心化

想像一個自己的資料自己掌控的世界，
那才是真正的金融顛覆。

維塔利克・布特林（Vitalik Buterin）17歲時，第一次聽到父親提及比特幣。

布特林是個不太尋常的孩子。他6歲時，舉家遷離俄羅斯的古城科洛姆納（Kolomna，位於莫斯科東南方113公里處），移民到加拿大的多倫多。他們在多倫多定居後，他的父親狄米崔（Dmitry）記得他努力創作了一本書，書名是《兔子百科全書》（*Encyclopedia of Bunnies*）。「基本上，他想出一個充滿兔子的宇宙，但一切是由非常嚴格的公式所控管……裡面充滿了數學、圖表、計算。」[1]

三年級時，布特林離開普通班，進入資優班，也開始玩電腦。「我自己編寫遊戲程式，自己玩，玩厭了再開發新的遊

戲。」[2] 他14歲時，開始上阿貝拉德中學（Abelard School）。那是一所私校，教學風格是採蘇格拉底式的提問。

布特林說：「傳統的教育體系從來沒有帶給我特別的啟發。我始終不明白，為什麼我應該把時間與精力放在作業上，而不是投入《魔獸世界》（World of Warcraft）以追求晉級。」[3] 但阿貝拉德中學改變了他，「那環境裡的某種東西讓我想要學習，無論是對求知的投入與專注程度，還是師生之間更緊密的關係，或是教材的深度，都讓我想把學習視為首要目標。」[4]

2011年布特林聽父親介紹比特幣時，已是數學與電腦方面的天才。布特林當時覺得比特幣的概念很「有趣」，但他不懂這種沒有內在價值的貨幣要如何普及。但父親的介紹激起了他的好奇心，他竭盡所能去學習加密貨幣的一切，也很好奇他可以用什麼方法取得一些比特幣。那時他買不起比特幣，開採比特幣的流程已被一些有財力安裝龐大電腦網絡、內建強大顯卡的有錢人及小公司壟斷了。

他回憶道：「我開始瀏覽一些比特幣論壇，最後認識了一個傢伙。他願意付比特幣給我，讓我為他經營的部落格寫稿。」[5] 每篇文章可以賺五枚比特幣，同時在比特幣社群內培養聲譽。事實上，他寫沒多久就累積了不小名氣，幾個月後就獲邀成為《比特幣》（Bitcoin）雜誌的共同創辦人兼主筆。

那時他才剛進滑鐵盧大學就讀，並兼職做密碼學的研究助理，但他還是答應接下《比特幣》雜誌中的職位。他設法兼顧

學業、兼職工作與外務，所以接下來的那一年，他不僅很擅長撰文談比特幣，也很擅長為比特幣背後的技術——區塊鏈，撰

神童：維塔利克・布特林

寫程式。

那時他以這種身分飛去聖荷西，參加比特幣基金會所舉辦的「比特幣2013」大會。那場大會的專題演講者正是全球握有最多比特幣的大戶：溫克勒佛斯雙胞胎。

布特林回憶道：「那一刻確實打動了我，讓我真的相信，嘿，這個東西是真實的，值得冒險投入。」[6] 他想休學去環遊世界，見見比特幣社群的其他開發人員，竭盡所能地學習。

他的父親完全支持這個想法。「我告訴他：『你知道嗎？如果你留下來，將來可能在蘋果、Google 等公司找到有保障的好工作，可能年薪10萬美元或更多⋯⋯如果你休學，那會不一樣，人生更有挑戰性，但你學到的東西會遠比大學裡學到的更多。』」[7] 於是，布特林去了以色列、阿姆斯特丹、倫敦、拉斯維加斯、舊金山，任何能讓他一邊為《比特幣》雜誌撰稿，一邊投入加密貨幣專案的地方。

他參與的專案越多，越覺得他應該做點什麼。那想法一直在他的腦中盤旋，揮之不去。於是，那年大部分的時間，他都在思索那個概念。

後來，2013年11月，年僅20歲的他發表了《以太坊白皮書》。

那份白皮書一開始就寫道：「2009年1月中本聰剛啟動比特幣區塊鏈時，他同時導入了兩個尚未檢驗的全新概念。第一個是『比特幣』，那是一種去中心化的P2P線上貨幣，在沒有

任何支持、內在價值或中央發行方之下，就保有價值。」但該文也指出這股貨幣熱潮中有點受到忽略的概念，「中本聰的宏大實驗中還有另一個同樣重要的部分：以工作量證明為基礎的區塊鏈。」[8]

區塊鏈技術是讓比特幣從概念變成現實的技術，它可以創造出一種新的去中心化貨幣形式。但是，如果貨幣只是一切的開端呢？

假如區塊鏈也能分散社會的其他功能，讓許多行業不再需要中介者與「可靠的第三方」，那會變成怎樣？如果區塊鏈除了用來記錄比特幣的轉移以外，也可以用來記錄股票、房地產契約、任何資產的轉移，那會變成怎樣？

區塊鏈是可以馬上安全更新的帳本，而且不可改變：一旦更新，就不能篡改。那麼，如果把它用來記錄選票，那會變成怎樣？假如區塊鏈可以用來取代、或改進**每**一筆依賴可靠第三方的交易，那會是什麼情況？

自比特幣問世以來，布特林不是第一個思考區塊鏈可以做更廣泛運用的人。當時的區塊鏈只能用來創造新的比特幣及轉移比特幣。比特幣社群的成員一直在找擴大其功能及利用區塊鏈做其他事情的方法。

問題是，中本聰用來啟動比特幣的程式設計語言，是刻意選用簡單的形式。那是一種基本的指令碼語言，目的只為了做一件事：評估及更新比特幣的鏈塊。電腦專家稱那種語言為

「非圖靈完備」（Turing incomplete），意思是它無法處理複雜的運算邏輯。而「非圖靈完備」這種設計，是為了避免有人編寫過於複雜或惡意的程式碼，而妨礙龐大P2P網路的處理力。

但這也表示，想從區塊鏈獲得額外功能的人，就得使用破解程式碼的技術。布特林周遊世界參與多種不同的區塊鏈專案時，就是看到這種情況。「我發現他們是採用類似瑞士刀的方法，來支持十五種功能，而且能做的很有限。」9

布特林的白皮書重新改造了區塊鏈，不是用來打造去中心化的貨幣，而是用來開發各種去中心化的應用程式（比特幣只是其中一種應用程式）。

為了做到這樣，他需要從比特幣的最初實作中擷取靈感，並以那些靈感為基礎做大幅開發。首先，是以更扎實、「圖靈完備」的程式設計語言（他稱為Solidity），來取代比特幣的指令碼語言。在中本聰的比特幣版本中，每個區塊都是交易的記錄。那本質上是一套指令，指明價值從一個人轉移到另一個人：從一個用戶的帳戶刪除某個數量的比特幣，並為另一個用戶的帳戶添加等量的比特幣。

但布特林與比特幣社群的其他人都知道，這個區塊不單只是貨幣轉帳的記錄，那其實是對電腦下一套指令。

他創立了以太坊，提議為程式碼增添「if/then」（若／則）條件式，讓指令可以變得更複雜：「若」滿足特定要求，「則」把某個數量的貨幣當成付款，加到某個帳戶中。而《以太坊白

皮書》便是描寫這種運算邏輯，亦即將某些條件（if）與某些行動（then）配對起來的連串指令，如何融入布特林所謂的「智能合約」（smart contract）中。

布特林解釋：「自動販賣機就是一種智能合約，它的硬體裡內建了一套規則，那個規則說：『你投入1美元，某個瓶子或飲料就會掉出來。』」[10]

智能合約最早是由密碼學家薩博於1997年提出的，他從比特幣的概念剛出現時就參與其中。他認為，如果合約條款是以電腦程式碼定義，並由電腦執行，而不是由中介者執行。即使沒有可靠的第三方，合約也能執行，因為程式碼本身就會執行合約。

但程式碼存在電腦裡，電腦有主人（第三方），那些人可能篡改合約或遺失合約。1997年，薩博那個「真正無需信任就能運作的智能合約」概念，在技術上仍遙不可及。

那麼，在區塊鏈上運作的智能合約又是什麼樣子呢？

以太坊的核心概念

這就是以太坊的核心概念：區塊鏈在分散各地的電腦上運作，這群電腦組成沒有中央權威的「世界電腦」。而智能合約是在每一台電腦上執行，任一台電腦都無法操弄智能合約的程式碼，因為任何操弄都會被區塊鏈上的其他電腦否決。

布特林在白皮書中寫道：「以太坊協定最初的設想是加密貨幣的升級版，提供區塊鏈託管、提領限制、金融合約、賭博市場等進階功能。」

　　但智能合約不是只能像最初的比特幣區塊那樣，只轉移價值。由於合約是由電腦上的圖靈完備程式碼所組成，它們可以組合在一起做一些事情，做任何程式碼能做的事情。「以太坊協定還不止是貨幣。有關去中心化檔案儲存、去中心化運算、去中心化預測市場，以及數十種其他類似概念的協議和去中心化應用程式，都有可能大幅提升運算業的效率。」[11]

　　但以太坊的可能性並不局限於「數十個」概念，那是一個開放平台。以太坊可以用來開發任何數量的分散式應用程式，即可以在網路上的任何地方運行的電腦程式，而且不需要任何人工介入。《以太坊白皮書》最後寫道：「我們相信，在未來幾年，它非常適合作為許多金融與非金融協議的根基。」

　　布特林發布那份白皮書時，加密貨幣圈即將在兩個月後於邁阿密召開大會。他不知道那份白皮書會得到什麼樣的迴響。「我最初的想法是，這種東西看起來好到令人難以置信，可能會有五個密碼學專家跳出來猛烈抨擊，說我有多愚蠢，怎麼會沒看到一堆很明顯的缺陷……白皮書發布兩週後，我很訝異這一切都沒發生。」[12]

　　事實上，相反的情況發生了：密碼圈一些最卓越的開發者找上他，說他們想幫他落實那個概念。1月，其中的六人帶著

他們靠比特幣累積的新財富，在邁阿密租了一棟房子，開始努力研究如何落實布特林的概念。接著，1月下旬，說話溫和、有點咬字不清的布特林，在北美比特幣大會（North American Bitcoin Conference）上登台簡報他們的概念，獲得全場起立鼓掌。

那個團隊繼續從遠端開發以太坊。以太坊的開發者就像以太坊技術一樣，是「分散式」的，其中有一個英國人、一個以色列人、幾個加拿大人、一個羅馬尼亞人。但六個月後他們又在瑞士重聚，這時布特林已小有名氣，而且不止在加密社群有名，他剛獲得提爾獎學金（Thiel Fellowship）。提爾獎學金是由PayPal創辦人提爾設立的特殊獎學金，價值10萬美元，對象是才華洋溢、願意輟學做其他研究的大學生。當年的頒獎公告提到：「我們希望2014年的提爾獎學金能激勵各年齡層的人，因為對精進文明來說，展現求知欲、恆毅力與決心，比追求學歷更重要。」那獎項讓布特林與以太坊一舉成為主流媒體關注的焦點。

一年後，經過勤奮開發與不斷的測試，布特林與夥伴一起推出以太坊，並明確提出一個目標：「把一切都去中心化。」

dapp、DeFi……歡迎加入 Web 3.0 世界

想要了解以太坊及其分散式應用程式的前景，最好的方法

是思考它們打算取代的一些「中心化」應用程式。

MIT媒體實驗室數位貨幣計畫（MIT Media Labs Digital Currency Initiative）的資深顧問邁克・凱西（Michael Casey）解釋：「Uber是一種共乘app。如果你是司機，你和Uber公司簽約。我身為乘客，我也與Uber公司有合約。Uber這家公司是司機與乘客之間的中介者，它為我們雙方提供服務，我們彼此交換價值，但這一切都是透過Uber進行的。所有的內容、所有資料，以及那個系統的所有管理，都是在內部運作。」

Web2.0（源自社群媒體、API、手機的匯集）讓大家以前所未有的方式彼此相連。比方說，Kickstarter讓我們互相資助彼此的專案，Uber讓我們搭彼此的車，Airbnb讓我們住進彼此的家，Dropbox讓我們把檔案存在別人電腦上，Upwork撮合自由工作者與業主。

但這些服務都是由中介者營運的，而中介者制定規則，通常會收取費用。例如，Kickstarter從我們贊助的資金中扣下5％當服務費，Uber從每筆車資中收取25％的服務費，Airbnb向房東（3％）和房客（最高20％）收取服務費。

然而，以太坊讓開發者使用區塊鏈，直接提供這些服務，不必透過中介者。這也是有些人稱這類平台Web 3.0的原因。

凱西繼續說道：「我們正在開發沒有人能掌控的協議。這裡沒有某個中央權威來規定一切交易的規則，而是一個由許多電腦組成的去中心化網絡，每個電腦都對這些交易的真實性達

成共識。」

開發者已經努力打造這些分散式 Web 3.0的方案，也就是所謂的dapp（decentralized applications的縮寫，亦即「去中心化應用程式」）。比如，一個叫Golem的dapp可說是以太坊版的 Airbnb。一個叫WeiFund的dapp提供眾籌服務。Ethlance可說是去中心化版本的Upwork，它是使用區塊鏈技術。Gnosis提供純粹的P2P預測市場，大家可以在那裡猜測及押注未來事件的結果。Radix則是零手續費的貨幣交易所。

「比方說，我們不必相信在我們之間或他人之間當中介者的銀行，而是讓電腦系統處理。電腦不會違背合約，因為有一個共識網絡使它照著合約執行。因此，現在我們有能力把世界上發生的許多事情加以自動化。」

支持這種去中心化區塊鏈技術的人，想像著利用它來創新供應鏈、網路安全、保險理賠流程、賭注、託管等任何依賴可靠第三方來領導或驗證身分的事情，連社會最基本的運作也可以採用這種方式，例如投票、甚至政府本身。

不過，目前為止，以太坊最大的運用是創造更多新的加密貨幣。該平台自從推出以來，已有一千六百多種新的加密貨幣問世。

為什麼？既然大家還不確定這個世界是否需要第一種加密貨幣，為什麼這世上還需要那麼多種加密貨幣？

當然，比特幣不是區塊鏈，區塊鏈也不是比特幣。然而，

中本聰之所以一起開發出這兩個東西是有原因的：獎勵誘因。P2P網絡中的電腦需要達到某個臨界數量，整個系統才能有效運行，區塊鏈更是如此，因為這個網絡需要驗證交易的有效性。如果網絡中51％的電腦說這筆交易有效，它就有效。這表示比特幣需要網絡中的多數電腦誠實地運作，這是為了網絡的最佳利益，而不是為了自己的利益。

比特幣是中本聰用來解決「公有地悲劇」的方案。所謂公有地悲劇，具體來說，就是公地上總會有小偷。比特幣的設計是為了激勵大家參與網絡。它的假設是，如果驗證區塊鏈的人（所謂的「礦工」）可定期獲得比特幣作為獎勵，就會有更多的電腦願意加入這個網絡，任何糟糕的參與者或團體很難主宰這個網絡。（你可以想像一個非常小的區塊鏈網絡，只由三台電腦組成。一台是你的，另兩台是想搶你的人，你很快就會明白，為什麼你會希望越多人加入這個網絡越好。畢竟，如果竊賊控制了三分之二的網絡，他們可以擅自驗證他們想要的任何交易。）

布特林那個版本的區塊鏈出現時，公有地悲劇並沒有消失。他最初提議的解決方案很類似比特幣的作法：以太坊網絡上的驗證者可獲得以太幣作為獎勵。

但以太幣的設計比比特幣更加細膩。雖然一個人可能把以太幣當成資產來囤積，以期增值獲利，但它還有一個更實際的用途：想在以太坊的「虛擬機器」上執行應用程式的人，都會

從該網絡租用處理力，但這種運算力只能用以太幣購買。❶而獲得以太幣最簡單的方法，是去驗證以太坊區塊鏈上的交易。這種內建的獎勵機制，讓整個以太坊可以持續運作。比方說，在以太坊網絡中驗證區塊鏈的獎勵誘因，是你可以賺到以太幣，而以太幣正是使用以太坊上那些dapp時需要支付的代幣。你想要使用以太坊網絡上的dapp，所以你有動機讓你的行動追求網絡的最佳利益。

凱西說：「這些代幣的存在，是為了鼓勵大家為了共同利益，做出共好的行為，盡可能地解決公有地悲劇。如此一來，一群有共同利益的人就可以一起行動。他們知道每個人都會這麼做，因為做正確的事情可獲得代幣作為報償。」

以太坊推出以來，新的加密貨幣如雨後春筍般大量出現。那是因為許多dapp都採用同樣的獎勵機制，亦即dapp的用戶必須驗證dapp的交易來賺取代幣，接著，他們可以在dapp內花用那些代幣。

例如，有個dapp叫Storj，它是以太坊版本的去中心化雲端儲存服務。也就是說，Storj的運作原理就像Dropbox（一個儲存數位檔案的遠端地點），只不過它沒有Dropbox作為中介

---

❶ 想在以太坊上執行智能合約的人，必須花少量的以太幣（所謂的gas）才能執行。gas是以太坊用於衡量程式執行一個動作所需「運算量」的單位。你做交易時，必須支付礦工處理費，那個處理費是以gas計算，並以「以太幣」支付。gas沒有中譯名，它的概念就像燃料，就像你開車需要汽油，機器運作需要柴油，而這些燃料（gas）都需要你花錢（以太幣）購買。

者。如果你想在Storj上儲存檔案,你必須使用名叫Storjcoin的代幣來購買儲存空間。那你如何獲得Storjcoin?答案是,你必須在網絡中貢獻你的儲存空間。

這些代幣也變成幫新創企業募資的新方式。Storj剛創立時,其開發者並未向天使投資人或創投業者募資,而是以所謂的「首次代幣發行」(ICO)來販售代幣,那是一輪完全分散的募資。在ICO期間,Storj從廣泛的粉絲社群籌集了50萬美元,不必受制於任一投資者。2018年,市場上出現五花八門的ICO,合計共籌募了210億美元的資金。[13] 這是區塊鏈與以太坊出現後才有的分散式融資管道。

但這不是Storj做ICO的唯一好處,這樣做也讓代幣在市場上流通。更具體地說,是流入潛在用戶的手中,這些人現在握有開始使用Storj軟體所需的資源了。ICO不僅為Storj提供營運資金,也提供啟動系統所需的燃料。

不過,把代幣同時當成募資工具及系統燃料,並非毫無問題。凱西說:「我認為ICO作為避開創投業者的投資工具,以及作為管理這種去中心化應用程式利益的商品,兩者之間是完全脫節的。如果每個人都搶著交易,追逐更高的價格,那麼代幣如何實現其原始功能,作為一種流動的交易媒介?」

假如大家想把燃料當成寶貴的大宗商品,不斷地囤積,推高價格,但你需要燃料來啟動引擎,那燃料還有什麼用?

別忘了,比特幣是在2008年金融危機最嚴重的時候創造

出來的。而中本聰的白皮書是在2008年10月發布，同一個月，國會通過價值7,000億美元的問題資產紓困計畫，為銀行紓困。2009年1月3日，中本聰挖出比特幣區塊鏈的第一個區塊，那個區塊的程式碼中嵌入了當天《泰晤士報》的一個標題：〈財政大臣即將為銀行提供第二輪紓困〉。而自由意志主義者占多數的比特幣社群，大多把這個無謂的彩蛋視為對銀行及政府處理危機方式的批評。

《比特幣白皮書》不僅提出了我們**可以**不靠銀行、自行運作的方式，也提議我們**應該**那樣做。在2008年以後，大家不信任「可靠第三方」的理由比以往更為明顯。

另一方面，銀行在管理風險方面做得很糟，他們推出晦澀難懂又複雜的衍生性商品，掩飾了風險的本質。危機爆發時，政府被迫介入，挹注新的法幣到系統中，把風險從銀行轉移到納稅人身上。而「占領華爾街」運動（始於2011年9月）的口號，最終成為加密社群的口號，最後也融入以太坊背後的意識形態：「把一切都去中心化。」不過，雖然他們聲稱「把一切都去中心化」，但實際上最主要是指「把金融去中心化」。這甚至讓DeFi（去中心化金融）成了流行語，意指開始挑戰金融服務業各方面的多種dapp，像是：取代大宗商品交易所的dapp、取代貨幣市場基金的dapp、用於資產管理的dapp、發行及承銷債券的dapp。對於銀行業的每個領域，都有DeFi社群的人虎視眈眈，想要拆解它，把它去中心化。

但諷刺的是，近年來跨入區塊鏈領域的最大業者，一直是銀行本身。

傳區塊鏈福音的華爾街一姊

布萊絲・馬斯特斯（Blythe Masters）18歲時，騰出一年的「空檔年」去JP摩根❷實習，之後才進入劍橋大學讀經濟系。雖然她後來在劍橋拿到學位，但她覺得JP摩根更像她的「母校」。說她在摩根大通的二十七年職涯很成功，那還太輕描淡寫了，甚至不夠精確。28歲時，她成為JP摩根有史以來最年輕的女性董事總經理，隨後又獲任為該行全球信用組合、信用政策與策略處的處長，接著擔任摩根大通投資銀行的財務長，最後升任該行全球大宗商品事業部的負責人。

熱門信用分析工具KMV的共同創辦人約翰・麥奎恩（John McQuown）表示：「馬斯特斯是我在金融界遇過最見多識廣的人。」[14]

不過，她最廣為人知的可能是，她在開發「信用違約交換」（CDS）中所扮演的角色。CDS是幫銀行防範信用風險的金融衍生性商品。2008年次貸市場崩解時，CDS在金融危機中扮演重要的角色：雷曼兄弟與AIG發現他們身處在這種保險

---

❷ JP摩根（JP Morgan）與大通（Chase）於2000年合併成摩根大通（JP Morgan Chase），她加入時應是JP摩根。

產品的虧損方，而且虧損價值高達數兆美元。這導致巴菲特及《衛報》把CDS描述成破壞經濟的「大規模毀滅性金融武器」。

親善大使：布萊絲・馬斯特斯

馬斯特斯澄清：「其實問題不在於衍生性商品，而是在於結構性信貸以及如何看待信用風險。衍生性商品是其中一大部分。摩根大通裡，有一個團隊能夠以前所未有的規模創新，那甚至在投資銀行中也是前所未有的規模。那促使大家徹底改變看待信用風險的方式。他們創造出的東西不僅有趣，而且大幅改變了市場運作。比方說，信用市場的流動性增加了，那不僅開啟了市場，促成重新洗牌，甚至促成併購，以及其他原本不會發生的事情。」

接著，她說，在金融危機爆發以前，「其他人持續跟進，做了一些非常愚蠢的事情。」

「遺憾的是，」她說，「如果主要的交易對手未能妥善管理其曝險，那些用來轉移風險的工具也會增加系統性風險。」[15]

她第一次接觸比特幣，是因為前夫丹尼·馬斯特斯（Danny Masters）送給她「一小筆」比特幣。「坦白講，我覺得他傳給我那個東西只是為了激怒我。」不過前夫說服她開始關注這個她一直忽視的加密貨幣現象。

她說到她對比特幣的第一反應：「我看了一下，就做了當時多數人大概都會做的事：置之不理。」[16] 當時金融業沒有人認真看待比特幣。「大家從比特幣本身的波動性、因缺乏基礎設施而潛藏的風險，以及它被拿來做犯罪勾當等面向，批評比特幣有問題。加密貨幣是金融圈嫌棄的東西。」

但2014年，馬斯特斯離開了摩根大通。近三十年來，她

第一次有閒暇時間。她說：「我突然有了時間與空間，以及大腦頻寬可以學習。」她與老友蘇尼爾·希拉尼（Sunil Hirani）共進早餐時，希拉尼不斷地談論比特幣。她不禁問道：「我們不能談些正經一點的東西嗎？」[17] 但是對希拉尼來說，比特幣**就是**正經事，而且他正在創辦一家公司，名叫數位資產控股，公司的事業就是運用區塊鏈來開發金融技術。

希拉尼並不是加密無政府主義者，他本來在德意志銀行任職，後來離開銀行去創立Creditex Group。那是率先處理CDS的經紀商之一。因此，他很熟悉銀行的內部運作，而他相信區塊鏈將為金融業帶來一場革命。

馬斯特斯回憶道：「這讓我茅塞頓開，我開始明白這裡頭涉及的技術很有趣，而且它不光只是創造出法幣的新替代品而已。這項技術可以做近乎無限多種的運用，加密貨幣只是其一。」

想像新的可能性

「這項技術可以做近乎無限多種的運用，加密貨幣只是其一。」

事實上，正因為她熟悉銀行業，她能夠看出一些比特幣的圈內人大多看不出來的運用。「那些最早加入比特幣圈的人說：『那些讓我們大失所望的金融中介機構很糟糕，中介者多

半也很糟糕，還有那些為了紓困銀行、而拿貨幣供給做實驗的體制也很糟糕。畢竟，那些實驗可能導致極高的通膨又危險。他們從我們這些儲蓄的人身上偷走血汗錢，因為他們壓低利率，還大印鈔票，那實在很糟糕。因此，上述所有情況都應該消失。』」

但與希拉尼交談後，馬斯特斯了解到，這項技術的發明雖然是為了跳過銀行，並讓銀行最終因落伍而遭到淘汰，但這項技術其實也可以用來幫銀行變得更好。「最諷刺的是，這種用來消滅銀行的技術，其實也可以用來提高現有金融業者和基礎設施的能見度、透明度、可靠性，或是以更好的金融基礎設施取而代之。」事實上，區塊鏈是種工具，可以讓銀行立即進行交易及驗證交易；它可以為監管機構與執法部門提供可即時審查的帳本；它能從系統中消除大量的浪費與風險。

「我整個職業生涯都是在思考風險、市場、基礎設施、監管。」馬斯特斯說，「我目睹了金融危機爆發，目睹了信用衍生性市場運作過頭而導致系統風險。我開始相信，分散式帳本能夠解決那個問題。」[18]

2015 年 3 月，她成為數位資產控股公司的執行長，並開始向金融界宣傳區塊鏈的好處。「最初那一年的大部分時間，我的任務主要是扮演傳福音、親善大使、行銷的角色。」

但金融業根本聽不進去。馬斯特斯的前老闆，亦即摩根大通的執行長戴蒙一再抨擊比特幣，稱之為「騙局」、「浪費時

間」、「毫無實際價值的愚蠢投資」。銀行業的多數人也認同他的觀點。[19] 這種貨幣的波動價值，以及與黑市和洗錢的關連，嚇跑了大家。而區塊鏈因為與加密貨幣息息相關，聲譽也遭到拖累。

馬斯特斯想說服大家相信區塊鏈的優點，但這任務簡直難如登天。所以，數位資產公司後來開始避免提及「區塊鏈」這個字眼，改稱其平台為「分散式帳本技術」，部分原因是為了盡量減少與比特幣的關連。

但她知道，這項技術可以幫金融業解決那些阻礙其發展的一些痛點：「金融價值鏈中的大量中介者；相關資料的碎片化；資料分散又兜不起來，所以運作流程無法順暢；這些缺點導致錯誤率極高，效率低落。」銀行為了驗證交易的真實性，也花了很多時間與資源（他們驗證金錢是否真的存在時，交易一直懸而未定，而且一拖就是好幾天或好幾週）。然而，每次拖延都會增加交易失敗的風險。

馬斯特斯讓大家認真看待區塊鏈後，接著她必須回應下一波的擔憂：這真的可行嗎？區塊鏈從未在企業層級測試過，它能擴大規模嗎？它能符合保障隱私的規定嗎？它會不會帶來出乎意料的全新系統性風險？

許多金融公司對區塊鏈能做的事情感到好奇，但沒有一家公司亟欲率先投入試試看。

接著，澳洲證交所（ASX）答應身先士卒。

金融界的選擇：「許可式」區塊鏈

早在過去十年FinTech興起以前，銀行就對金融科技抱持濃厚的興趣，也會大舉投資。他們當然會這樣做，畢竟銀行的業務一直以來都是為了做交易及提高價值，而且他們財力雄厚。所以，任何可使交易變得更安全、更快、更可靠的技術進步都是值得考慮的。比方說，硬幣是一種金融技術，目的是讓人不必隨時隨地推著黃金、鹽、羊去交易。現金是一種金融技術，目的是讓人不必四處移動硬幣。信用卡是一種金融技術，目的是為大家省去攜帶現金的麻煩……諸若此類。

而在電腦與網路興起期間，銀行並不是「毫無」創新。他們有能力聘請最優秀、最聰明的人才來開發技術，以解決他們的問題。他們確實這樣做了。

但他們試圖解決的問題，通常不是跟客戶有關的問題。銀行業的技術創新通常是為了消除內部痛點，尤其是發明降低風險及加快交易速度的方法。

而這兩個目標（降低風險及加快交易）環環相扣：交易完成的時間越長，交易失敗或貶值的風險越大，或者當下情境可能改變，導致交易變得比較不利。（回想一下艾哈邁德，他在國外城市枯等姊夫的匯款一個月，那段期間他或那筆錢都可能出各種狀況。）

五十年前，如果有人買進一百股IBM股票，一個傳訊者

會把實體的「股份」放進背包中，騎著單車穿過曼哈頓，把股份送到新主人的手中。如今，資訊的傳遞變得簡單多了，但即便是現在，銀行交易時卻仍然依賴傳真機，只為了把交易的書面副本歸檔。

延遲是常態，那通常是因為買方與賣方需要時間，來查核交易的真實性。例如，買家真的有錢購買嗎？賣家真的持有他要出售的東西嗎？金融界會明確區分交易日（T）與結算日，T是交易雙方達成交易的日期，結算日是轉帳完成的日期。有長達數十年的時間，股票交易的常態一直是「T+5」，亦即雙方在最初達成協議後，有五天的時間可以結算，未結算就算失效。

當然，那五天裡，那檔股票的價值可能發生很大的變化。週一看起來不錯的交易，到了週五或許已經變得很糟。由於這對買賣任一方來說都是如此（股價可能上漲，也可能下跌），把交易日與結算日盡量拉近對雙方都有利。

ASX是澳洲交易股票、債券、大宗商品、其他資產的主要交易所，十九世紀中葉以來一直以某種形式存在。1994年，ASX推出CHESS結算系統，用來結算支付，這個當時領先全球的系統使澳洲能夠開始做T+5結算。從此以後，他們一直使用這套系統。[20]

2015年ASX開始尋找CHESS的替代系統。2016年1月，ASX聘請數位資產公司「使用DLT（通常稱為「區塊鏈」）來

開發、測試，以及針對每個現貨市場向ASX展示一種『交易後平台』的可運作原型」。[21]

ASX的常務董事艾爾瑪・馮克・庫柏（Elmer Funke Kupper）在該公司的聲明中指出：「分散式帳本技術可提供千載難逢的機會，在澳洲股市的交易後環境中降低成本、縮短時間、減少複雜性。」[22]

翌年12月，ASX已經決定推出那個專案的完整版本，以採用分散式帳本的新系統，取代既有的交易系統。

為了解決銀行業對安全性與擴展性的擔憂，數位資產公司開發出令許多比特幣的原始信徒憎恨的方案：「許可式」區塊鏈。原始的區塊鏈設計是「不需要許可」的網絡，對任何人開放。而區塊鏈上的交易則以加密保護，但網絡本身是公開的：沒有人需要特別的許可才能加入。這是比特幣的優勢來源：網絡中的人越多，任何壞蛋囊括51％的控制權、並危及系統完整性的難度越大。凱西說：「ISIS可能在以太坊網絡中經營一個節點，但那不至於影響以太坊的安全。」

但企業用戶對於把企業專屬資料儲存在公共網絡上感到猶豫不決，所以數位資產公司想出「許可式區塊鏈」作為解方。那是只在已知的電腦所組成的私人網絡上分散的帳本。這種「許可式區塊鏈」與比特幣的最初想法背道而馳，因為許可的各方之間需要有某種信任。不過，銀行比較喜歡這種方案，因為它提供了兩全其美的辦法：在可靠的參與者所組成的團體

中，立即驗證交易。

數位資產公司為ASX設計了私密、許可型的分散式帳本，馬斯特斯對這項技術充滿了信心。

「首先需要做到的是，證券需要在適當的時間內清算。因為如果做不到那樣的話，其他的一切都無關緊要了。但ASX追求的是好處，那可能創造出寶貴的金融生態系統。在這個生態系統中，ASX能夠更深入地整合，為客戶提供比現在的基礎設施更優質的服務。」

「我認為時間會證明ASX是該產業的先驅。」馬斯特斯說。

事實上，先驅已經開拓出一條道路，而且這條路上一天比一天擁擠。舉例來說，納斯達克、倫敦證交所、日本交易所集團（Japan Exchange Group），都已經啟用以區塊鏈為基礎的試行專案。與此同時，一些銀行一起成立了一家名為R3的公司，以探索如何把分散式帳本技術用於自行轉帳（intrabank transfer）。他們很快又為名冊增添了三百個合作夥伴。

戴蒙已經承認：「區塊鏈是真實的。」[23] 此外，摩根大通正推出自己的加密貨幣，名為「摩根大通幣」（JPM Coin）的穩定幣。

區塊鏈最初是由加密龐克開發出來的，目的是為了消除銀行這個中介，但現在卻被中介者借用並顛覆了。

不過，或許區塊鏈最大的創新尚未出現。這項技術的目的

是分散貨幣，讓大家直接交易及買賣商品，不需要中介者。

「目前世界上最有價值的商品是什麼？」凱西問道，「是資料。世界上最大的價值，是由那些知道如何匯總及分析資料的人獲得的。那正是亞馬遜、臉書、Google在做的事情，他們是資料匯集者。所以，資料本質上是一種通貨。Uber之所以強大，是因為它掌控了資料。臉書之所以強大，是因為它掌控了資料。」

區塊鏈除了去中心化的資料，還有什麼？

「如果我們能想像一個自己的資料自己掌控的世界，就像我們想掌控自己的貨幣及其他一切一樣，那就是真正去中介的東西，那才是真正的金融顛覆。」

Chapter **9**

帝國大反擊

大銀行終於注意到 FinTech 了，
那可能對啟動這場革命的新創公司構成生存威脅。

　　2015年，戴蒙在寫給摩根大通的股東信中提到：「矽谷就
要來了，他們都想來搶我們的飯碗。」[1]

　　這是個可怕的警訊，而且千真萬確。

　　2008年以來的那幾年，矽谷持續顛覆金融，拆解銀行，
彷彿要把它全部拆散，再重新組合成更新、更棒、更強的版本
似的。金融服務幾乎每個面向都受到挑戰。例如，PayPal與
Venmo之類的平台讓人使用智慧型手機互相轉帳。Braintree和
其他付款匣道使購物變得比以前更簡單，不需接觸現金，甚至
不需要信用卡。LendingClub、Kabbage之類的P2P貸款機構以
更快的速度，為更多人提供更好的貸款，利率更低，也給貸款
者再融資的機會，幫他們改善財務狀況。因為有Mint、Clarity

之類的個人理財系統，以及 Yodlee 設計的 API，大家現在可以清楚看到金錢進出所有的個人帳戶，並能減少不必要的開支，改變自己的習慣。Betterment、Robinhood 等投資 app 顯示，每個人都可以從投資市場獲利，那不是富人的專利。綠點之類的貼牌銀行服務商找到了一種方法，讓他們的銀行服務與品牌完全分開。如此一來，就可以把那些服務授權給任何品牌，讓銀行退居幕後擔任基礎設施的角色。區塊鏈挑戰了「我們需要銀行以維護交易帳本」的想法，而加密貨幣挑戰了貨幣本身的概念。

過去十年徹底改變了大家與金融各方面的互動與思考方式。

然而，在這十年創新與演變的過程中，銀行一直在做什麼？他們到哪裡去了？他們是如何讓這一切發生的？

這些問題的答案，就看你想要怎麼講述故事而定，因為 2008 年以來，關於 FinTech 的歷史有兩套講法互相衝突的版本。第一個版本說，一群來自銀行業以外的怪客，他們充滿洞見、性格堅毅、桀驁不馴，最重要的是行動敏捷，他們能夠看出正在發生的事情，像是：經濟危機、智慧型手機的興起，以及人們看待銀行與科技的態度轉變，全部匯合在一起，創造出一個金融創新的獨特機會。與此同時，現有的銀行行動遲緩、目光短淺、思維僵化，過於投入舊有的商業模式。他們無法適應，現在就像恐龍與渡渡鳥一樣，面臨滅絕的風險。

基本上，這是FinTech公司會告訴你的故事版本。

但這不是講故事的唯一方式，另一種了解現況的方法，是思考銀行這十年來是如何做好每件事的。

金融危機發生以來的十年間，他們好好整頓了內部，修復了資產負債表，擺脫壞帳，接著持續等待，靜候時機。他們目睹了FinTeh產業的崛起，衡量其價值，評估風險，從FinTech的各種錯誤中吸取教訓。直到現在，當他們覺得條件合適了，倖存下來的公司經過適當的審查且發展成熟了，他們才踏入這個領域，以決定到哪裡尋找合作夥伴以及在哪裡競爭。

畢竟，這不正是一家銀行該做的嗎？

那麼，哪個版本的故事才是正確的？銀行究竟是小心翼翼地按兵不動，靜候機會？還是他們被超越，現在不得不迎頭趕上？

如果你是銀行，你比較喜歡講哪一版的故事？

矽谷與華爾街的愛恨情仇

一般認為，銀行裡面都是一些精明的人，他們有很強的購買力，通常有很大的動機去超越潛在的競爭對手。而且，他們也會斥資開發他們認為可以提高競爭優勢的技術。

那麼，究竟發生了什麼事？

為什麼銀行不從一開始就與FinTech公司正面對決？

為了回答這個問題，先回顧一下更久以前的歷史有一些幫助。首先，經濟通常是以十年一個週期來運行。在雷曼兄弟倒閉前的那十年，全球經濟正逐漸走向網路泡沫危機的尾聲。2000年網路泡沫破滅時，科技公司跟著崩跌，大家對矽谷的信心隨之瓦解。在崩盤中倖存下來的公司，需要緊縮開支，削減成本，療傷止痛，尋找恢復盈利的方法。

　　根據顧能公司（Gartner）的「技術成熟度曲線」（Hype Cycle）模型，他們正深陷在「幻滅低谷」，正努力苦撐，只要撐得夠久，就有機會進入「穩步爬升的光明期」。[2]

　　換句話說，他們毫無擴張或創新的興致。

　　當網路狂潮的資金蒸發時，許多原本可能在矽谷找到工作的創意人才轉往華爾街發展，並在那裡開始創新。

　　他們只是沒有為消費者創新罷了。

　　大家想做的華爾街工作，亦即薪酬最高的工作，並不是在消費銀行那一塊，而是在交易與投資領域。那是銀行吸引最優秀人才的地方，也是他們創新的集中點。他們把創意、腦力、金錢投入演算法交易中，那種交易可以用電腦飛快的速度去執行大規模的交易。他們與其他銀行搶著推出延遲最少的軟體，把交易時間縮短到零點幾秒，以搶占先機。

　　此外，他們的創新也包括開發新的金融產品。我們很容易忘了金融產品也是一種發明，某種程度來說，它們是技術創新。畢竟，即使是最簡單的金融工具（例如股票、債券），也

是運用數學與經濟學知識來創造可儲存價值的產品。

二十一世紀的頭十年，這些產品的創造者（像馬斯特斯那樣的人）運用聰明才智，發明了越來越好賺的衍生性金融商品，例如CDS，為銀行提供管理流動性與風險的新方法。這些新產品的效果改變了華爾街，並為它挹注新財富。

二十一世紀初，華爾街所謂的「創新」是這樣的意思。

接著，一瞬間（為期幾年的熊市），**創新**成了貶抑詞，與災難同義。銀行就像十年前的科技公司那樣，面臨巨大的系統性問題。他們忙於削減成本，符合新的監管要求，重建崩垮的市值。他們無暇思考創新，只想著公司的存續。

在這種環境下，過去十年來一直在華爾街追逐高薪的創意人才，發現運用其技能的最佳機會是在其他地方，主要是在矽谷，所以他們退出了銀行業。

正所謂十年河東，十年河西，局勢又反轉了。

尤其是危機爆發的頭幾年，銀行無力創新，但最初那幾年，也沒有來自FinTech公司的強大壓力。那些FinTech還太小、太新、太微不足道。比方說，LendingClub發放的貸款金額或Betterment管理的資產規模，對科技新創企業來說，是攸關一家公司生死存亡的金額。但是從銀行的角度來看，那只是小錢。

不過，隨著時間經過，FinTech公司的市占率越來越大，銀行也開始注意到了。

FinTech 公司來勢洶洶

首先，FinTech 公司的規模已經擴大到開始對銀行的一些事業構成實質的威脅。多年來，那些新創企業一直奉行著「先求普及，營收自然而來」的矽谷策略。也就是說，盡快累積客群，即使虧損營運亦無妨，因為龐大的用戶量最終會帶來營收。這個策略促使 Venmo 吸收了每筆金融交易的成本，所以每次有人用那款 app 轉帳時，它都要倒貼，目的是建立自己的社群網路。但這一招確實奏效了，因為社群網路使 Venmo 對 Braintree 和 PayPal 來說更有價值。

Braintree 收購 Venmo 時，那款 app 有三千個用戶。但那數字微不足道，對銀行不構成特別的威脅。但是那個網絡一併入 Braintree 後，就開始呈倍數成長。後來又整合到 PayPal 時，又再次以等比級數成長。突然間，這個「微不足道」的網絡已經大到讓銀行無法忽視了。那款不知從哪裡迸出來的 app，突然變得隨處可見，銀行不得不急起直追。

其他的 FinTech 公司也是以類似的軌跡發展，一開始成長緩慢，等達到規模經濟後，突然大幅成長到隨處可見。由於 FinTech 公司鎖定的交易金額大多比銀行小，所以規模很重要。一個只跟有錢人打交道的財富管理經理，可能覺得其他人都不值得瞧一眼，但隨著財富日益集中在越來越少人的手中，財富管理經理的潛在客群不斷萎縮。與此同時，FinTech 公司

擄獲了所有升斗小民的忠誠度。當三百或三千個民眾從銀行提領儲蓄，把錢轉入Betterment、Acorns或Chime時，那金額只占銀行持有存款的微小比例，銀行不會注意到，也不會特別在意。但隨著那些app的用戶數持續成長，變成三十萬人時，那些資金轉移突然變得明顯。雖然營收的縮減仍不足以威脅銀行，但確實足以引起銀行的注意。[3]

當然，到那個時候，銀行想再把客戶吸引回來，可能為時已晚了。

沒錯，銀行的客戶一直被FinTech公司搶走，有時流失的客戶數量足以構成實質的威脅。但他們也失去了其他的東西，而且那個危險更大。

銀行一直失去對敘事的掌控權。

在金融危機以前，銀行享有無可比擬的信任。他們雖然也歷經波折，爆發過醜聞與危機（80年代末期和90年代初期的儲貸危機，是十年經濟循環的又一次低迷），但銀行有如一座巍峨建築，是我們財務生活中一個毋庸置疑的核心。如果你想開存款帳戶、開支票、辦信用卡、申請房貸、商業貸款或車貸、購買外匯或開投資帳戶，銀行不僅是你想到該去的第一個地方，在許多情況下，也是你唯一能去的地方。

長久以來，我們的文化把第一筆銀行存款視為類似成年禮的儀式。電影《歡樂滿人間》（*Mary Poppins*）裡，富達信託銀行的老銀行家達韋斯先生（Mr. Dawes）的說法，也讓這種

概念更深植人心。他開心地對孩子說：「隨著財富增加，你會有征服的快感！」儘管孩子根本沒把他的建議聽進去。[4]

在金融危機爆發後，隨著FinTech公司受到越來越多的關注，那就像一個楔子鑽入原本至高無上的高塔，越鑽越深，並以大大小小的方式瓦解它。

FinTech公司拆解銀行，把貸款、支付或投資等金融服務一一剝離，做成獨立的app，單獨提供給客戶使用。這等於是在質疑這些服務為何當初需要綁在一起販售。長久以來，銀行一直是消費金融界的「瑞士刀」：他們為任何情境提供工具。就某些方面來說，一站購足的概念很方便，客戶永遠知道可以去哪裡滿足任何金融需求。

把開瓶器和刀片放在一起確實很方便，但事實上，很少人同時需要用到開瓶器與刀片。而且，瑞士刀的開瓶器和刀片都不是最好的。相反的，單一用途的獨立工具更擅長處理一項任務。而FinTech公司認為同樣概念也適用在銀行業。

此外，銀行也以上千種更小的方式，失去對敘事的掌控權。一旦大家看到用Venmo轉帳有多簡單，開支票的麻煩突然令人難以忍受。Robinhood讓用戶免費交易股票後，便開始導入股票**可以**免費交易的概念，那是以前大家從未想過的。顧客發現他們**可以**免費交易股票後，便要求股票交易**應該**免費。Robinhood揭開了「股票券商一直收取不必要的費用」這個事實，顧客一知道真相，就再也不願忍受了。免費是非常誘人

的，一旦消費者相信一項服務應該免費，就很難逆轉他們的想法並說服他們繼續掏錢。不久，為了與Robinhood及它引進的概念競爭，券商別無選擇，只能搶著把交易費降到最低，即使那會傷及他們的商業模式。

FinTech公司以一款接一款的app來拆解銀行奉為圭臬的敘事，質疑銀行價值的各個面向。所以，沒錯，FinTech公司正從銀行搶走越來越多的市占率，但更重要的是，他們也擄獲民眾的心。

最終，銀行將不得不做出回應。

他們必須創新，否則只會消亡。

去銀行上班的（作秀？）機器人

「對於渴望體驗令人振奮的消費金融未來的美國人來說，滙豐銀行與軟銀機器人公司（SoftBank Robotics）把那樣的未來拉近了一點。」[5]

滙豐銀行是歐洲最大的銀行，也是世界第七大銀行，但在美國的業務規模較小：僅兩百二十九家分行，而且大多位於紐約州。2018年6月，該行為紐約第五大道的美國旗艦店增添了一位新成員：機器人Pepper。

「今天起，滙豐銀行成為美國第一家，把軟銀機器人公司的機器人Pepper導入消費金融業的金融機構。」[6]

Pepper的身高約120公分，有一雙動漫風格的黑色大眼，大幅擺動的手勢，胸前有個觸控式平板電腦，還有一支腳（還

機器人：Pepper

是鰭？貌似介於美人魚的尾巴與吸塵器之間的東西）。

你接近Pepper時，它會問你：「有什麼需要我服務的嗎？」它會說話，也有不錯的語音辨識力，但胸前的觸控式螢幕提供更多其如何提供協助的線索。它很擅長展示銀行目前想推銷的產品，甚至可以透過電郵或簡訊，傳送更多資訊給你。Pepper可以播放一支教學影片，教你如何使用銀行的智慧型手機app；它也能顯示定位系統，幫你找到附近的自動提款機（不過，既然它就在銀行裡，最近的提款機可能就在你旁邊）。

噢，對了，它還會跳舞。Pepper喜歡跳舞，它跳完後還會說：「好開心！您想再看一次嗎？」

但是，如果你想查帳戶餘額、轉帳、申請信用卡，或利用它想推銷給你的任何產品（亦即任何金融功能），Pepper還是得請真人行員來為你服務。

滙豐銀行的創新長傑若米‧巴爾金（Jeremy Balkin）指出，銀行導入Pepper是為了「徹底改變消費金融銀行的客戶體驗」，[7] 這是滙豐所謂「未來分行」計畫的一部分。

他指出：「滙豐開發出革新性的數位消費金融體驗，那是運用資料智慧及頂尖的機器人技術，把顧客造訪銀行的日常任務轉變成非凡的體驗。」[8]

他也坦承機器人的局限性。「如果是複雜的個人交易，你去銀行時，會希望理專在令人放心的房間裡，為你提供私密的

服務。但機器人還無法做到這樣。」[9]

換言之，銀行「革新性」創新的核心，其實還無法為你提供金融服務。

他解釋：「Pepper把等候的時間縮減了75％，例如，它讓客人知道他們可以使用ATM存支票，不必等櫃員處理。」[10]

持平而論，滙豐在技術上的投資，並不局限於機器人Pepper。滙豐的新任執行長范寧（John Flint）剛承諾在新技術上投資170億美元。

不過，如果Pepper能提供任何啟示的話，過去十年來，雖然滙豐可以從FinTech學到很多東西（例如，如何提供全天候的行動銀行服務、如何善用個人化資料，做量身打造的產品推薦），但它似乎什麼都沒學到。相反的，滙豐頂多是把創新當作秀，以花俏的歌舞給人走在科技尖端的表象，但其實並未改變根本體驗的實質。

銀行每年在技術預算上投入數十億美元。比方說，2018年，摩根大通投資114億美元，美國銀行投資100億美元，花旗集團投入80億美元。總計，北美的銀行在技術上共投入1,040億美元。[11]

但投入資金不見得就是創新。

如果銀行無法從FinTech吸取正確的啟示，矽谷幾乎一定會來搶他們的飯碗。

亞當・戴爾說：「這是不祥的預兆。這些銀行的人都心知

肚明，他們把消費者當肥羊，提供的價值微乎其微。」

他們知道自己正在做這種勾當，但並不表示他們打算住手。戴爾又補充說：「古柯鹼上癮的人也知道，繼續吸下去，遲早會出問題。但他們還是停不下來，因為已經上癮了。」戴爾說，銀行向客人收取過高的費用，沉溺於高利潤，難以自拔。「花旗那些管理高層的獎金，都是直接出自消費金融客人的荷包，所以要銀行改變這種令人上癮的費用結構極其困難。」

戒除這種癮頭的第一步，是承認自己有問題。

「銀行只分兩種……一種是已經完蛋了，另一種是不知道自己完蛋了。」[12]

不創新，必消亡

「銀行只分兩種……一種是已經完蛋了，另一種是不知道自己完蛋了。」

第一種是作秀式創新，避免大家看到他們垂死的商業模式。

第二種會竭盡所能地創新。

戴爾的職涯主要是靠趨勢預測以及走在趨勢前起家。2018年他加入高盛，因為他相信高盛正在做同樣的事情。

以投資銀行起家，轉向消金新機會

2014年，歐莫‧伊斯梅爾（Omer Ismail）的老闆拍他的肩膀，問他要不要考慮成立一家銀行。

這問題很不尋常，尤其他和老闆當時就在一家銀行任職，而且那還不是隨便一家銀行，而是全球最大、最受敬重的銀行之一：高盛。

說到高盛的聲譽與歷史（剛慶祝立業一百五十周年），大家可能會驚訝地發現，高盛成立以來，大部分時間根本不算是銀行，它一直是投資銀行。投資銀行雖有「銀行」兩字，但實務上與商業銀行截然不同。投資銀行屬於中介者，負責交易企業客戶的股票與債券。由於這些活動通常對消費者與大眾福祉只有間接影響，所以投資銀行不像商業銀行那樣受制於同樣的審查與消費者保護。

或者，更確切地說，他們**以前**不需要。2008年，全世界發現，投資銀行確實會以代價高昂又廣泛的方式，影響消費者與大眾福祉。比方說，投資銀行在抵押貸款衍生性商品上的高風險賭注，導致許多百姓賠上了退休老本與住房。

雷曼兄弟倒閉後，政府同意介入及拯救投資銀行，但條件是他們必須改變法律身分，變成「銀行控股公司」，這個名稱通常是留給從事商業銀行業務的公司。投資銀行只要變成銀行控股公司，就可以取得問題資產紓困計畫的紓困金及其他的緊

急貸款方案，但那也表示他們將受到與商業銀行一樣嚴格的資本要求與監管。

銀行家：歐莫・伊斯梅爾

高盛（以及摩根士丹利與美國運通）因此改變了身分，儘管有些不情願。高盛的執行長勞爾德·貝蘭克梵（Lloyd Blankfein）當時在一份措辭謹慎的聲明中表示：「我們決定接受聯準會的規範。雖然市場氣氛加速了這個決定，但我們之所以這樣做，主要是因為，我們肯定那樣的規範為其成員提供充分審慎的監管，也提供永久的流動性與資金。」[13]

　　不管你喜不喜歡，2008年年底，高盛已經是一家銀行了。

　　但那不表示它就表現得像銀行一樣。2008年，高盛的處境與最大的競爭對手截然不同。儘管摩根大通、花旗、美國銀行、富國銀行都有強大的投資銀行事業，但他們在消費金融領域都有成熟的業務。比方說，他們都有許多分行、基礎設施、品牌知名度，最重要的是，他們有消費金融的客戶，那些客戶的穩定存款及償付的貸款，為銀行提供了可靠的資本準備金。

　　相反的，高盛從來沒有商業銀行的業務，它從來沒有消費金融的客人，聯準會也沒有要求它現在就要投入這個領域。高盛之所以轉變成銀行控股公司，只是為了讓監管機構在金融危機期間提供紓困金及獲得監督權。沒有人料到高盛會突然開啟新的事業，開設分行，以及招攬消費金融客戶。畢竟，高盛只是字面定義上的「銀行」。

　　伊斯梅爾回憶道：「銀行剛成立的那五六年，我們其實是以第三人稱的方式來談論銀行。我們把它當成一個法律實體，那個身分附帶了必要的法規遵循基礎。最初幾年，我們對於高

盛是否會永遠變成一家銀行,內部出現許多辯論。我們會褪下銀行身分嗎?這些都是高盛內部討論的話題。」

「不過,我們其實沒有把銀行當成成長的策略途徑或策略資產。」

伊斯梅爾的整個職涯都是在高盛度過。他在投資銀行部門短暫做了一段時間,接著轉到商人銀行(merchant banking)部門。高盛的商人銀行部門是做私募股權投資。該部門尋找有前景的公司去投資,等那公司壯大時,高盛及其客戶就可以出售持股,從那些投資中獲得報酬。

那份工作需要眼光敏銳、直覺犀利,還要有準確判斷一家公司是好是壞的能力。一般而言,高盛的商人銀行人才往往是某個領域的專家,在特定領域(例如媒體、醫療或金融服務)累積了細膩的專業知識。他們依靠那些專業知識來判斷應該投資什麼,不該投資什麼。但伊斯梅爾說,他的職涯發展並非典型。「我決定不專精於特定領域,而是偏向那些有顛覆潛力的模式、科技促成的模式,以及更有成長性的事業。」

他的績效很好,因此升任商人銀行部門的負責人。

2014年,伊斯梅爾與他的老闆(亦即商人銀行部門的創立者)瑞奇・弗里曼(Rich Friedman)開始認真思考,「銀行」有沒有可能不只是法規上的稱法。弗里曼要求伊斯梅爾利用那年剩下的時間,去探索高盛在消費金融領域是否可以找到一些機會。

一家擁有百年經驗的新創

　　既然高盛要成為一家銀行，那乾脆盡量善用這個身分做更多的事情。

　　但是要從哪裡開始著手？

　　商人銀行部門本來就是在研究哪些公司可能蓬勃發展，哪些公司無法發展。多年來，他們清楚地看到了一件事，那就是：消費金融業務中，有很多事情做不起來。

　　「我們觀察到的其中一件事是，FinTech領域中正在發生的事情。」伊斯梅爾說，「我們看到傳統的銀行體系有多爛，消費者苦不堪言。我們也看到消費者越來越願意使用數位app、數位工具、數位方式來滿足他們的金融需求。」

　　伊斯梅爾發現，高盛現在踏入消費金融領域，可能正好掌握了獨一無二的時點，可以打造一家二十一世紀的銀行。高盛有龐大的資產負債表，又深諳金融體系。但與競爭對手不同的是，高盛沒有過時的基礎設施，不受羈絆。它沒有一大群需要繳房租的分行，沒有難用又需要更新的老舊核心軟體，沒有支援過時商業模式的老舊組織結構圖，也沒有在金融危機期間感覺受到傷害或背叛的客戶。如果高盛進軍消費金融領域，等於是以全新姿態出發，可以自由地為銀行業務建立最好的模式，而且無關過去，毫無包袱。

　　這是他們該做的事嗎？畢竟，消費金融與高盛做過的其他

事業都截然不同。這表示他們需要開發新工具、新流程、新人才，以完全不同的方式為客戶服務，相當於一種全新的文化。

為了讓這一切值得投入，伊斯梅爾知道他需要找到一個真正的價值主張。比方說，顧客尚未滿足的需求是什麼？高盛的競爭優勢是什麼？高盛的消費金融事業如何把這兩者結合起來，以達成其他銀行都做不到的事情？

他花了多年時間研究FinTech領域，從那些公司身上，他發現他需要創造的最重要東西不是技術，而是信任。伊斯梅爾說：「在FinTech中，大家常對科技非常熱中，或是對AI、機器學習、雲端運算，或彈性運算非常熱中。我們覺得那些都只是用來解決客戶的痛點，為客戶提供價值，並以簡便的方式做到的工具而已。」

解決真正的問題

「在FinTech中，大家常對科技非常熱中，或是對AI、機器學習、雲端運算，或彈性運算非常熱中。我們覺得那些都只是用來解決客戶的痛點，為客戶提供價值，並以簡便的方式做到的工具而已。」

那麼，痛點在哪裡？

「我們和十萬名以上的消費者或潛在顧客討論了他們的痛點與需求。」伊斯梅爾說，「如果有一個詞可以用來形容一般

美國的消費金融顧客，那應該是『不知所措』。大家都覺得無法掌控自己的財務生活，也不知道自己有哪些選擇。」

而高盛推出的消費金融銀行有可能改變這種局面。「我們可以用簡單透明的方式，來開發用戶體驗與實際的產品功能，為消費者帶來價值。」

高盛的價值主張（亦即它比其他業者更有能力提供的東西），是運用多年的專業來幫助一般人理財。

伊斯梅爾利用過去五年從FinTech學到的一切，為新型的銀行——一種真正幫人改善生活的銀行，草擬了一份提案。這種新銀行將不會設立分行，是純網銀形式，介面清楚好用，沒有隱藏的費用。顧客需要借款時，銀行會協助顧客償還借款。顧客想存錢時，銀行會提供合理的報酬率。[14]

貝蘭克梵與董事會批准了這項計畫，伊斯梅爾的提案成了高盛進軍消費金融領域的第一個事業「Marcus by Goldman Sachs」的藍圖。

然而，設計藍圖是一回事，從頭開始建立一家銀行又是另一回事了。而且，這不是一家普通的銀行，而是高盛的銀行。

伊斯梅爾指出：「如果我們把這個事業當成一項私募股權投資，我們會把四個人放在一個車庫裡，給他們1,000萬美元，讓他們自己去想辦法。」假如你是一個想從頭開始打造銀行的FinTech公司，你會以敏捷開發的方式思考：從小處著手，逐步學習，隨時調整，逐漸成長。

但如果你是高盛，從小處著手是不可行的。畢竟比起一般的FinTech公司，高盛擁有的優勢太多了。但高盛有一個劣勢：受到嚴格審查。不管高盛決定做什麼（無論是對是錯），都會引起媒體的大量關注，所以非得把事情做對不可。

2016年4月，高盛推出了有聯邦存款保險公司保險的純網銀存款帳戶，存款利率比高盛的競爭對手高1％。開戶的最低門款是1美元，低於高盛為財富管理客戶所設定的1,000萬美元門檻。

同年10月，Marcus開始提供最高3萬美元的個人貸款，不僅直接與其他銀行競爭，也與LendingClub等FinTech公司競爭。而且，秉持著伊斯梅爾那份藍圖的精神，Marcus對這些貸款不收取任何費用。也就是說，不收開辦費，不收提前還款費，甚至不收滯納金。

此後，高盛做了連串的收購，以補足Marcus的產品線。它收購了小企業貸款公司Bond Street、信用卡新創公司Final、後來也收購了亞當・戴爾的個人財務軟體Clarity Money。Marcus打算把Clarity Money整合進來，作為客戶體驗的核心與儀表板。

在打造Marcus的過程中，高盛彷彿仔細端詳了FinTech解構金融服務的清單，然後點選自己想要的金融服務，再以精進及簡化的方式，重新組合那些服務。如果你想為二十一世紀設計一家消費金融銀行，你很難做得比Marcus更好。伊斯梅爾

說道:「我們的優勢歸根結底是一家擁有一百五十年經驗的新創公司。我們擁有身為一家銀行的所有好處,但沒有任何包袱。」

這並不是說那些傳統銀行就不想參與競爭。許多傳統銀行已經開始提供更多的網銀服務,例如行動支票存入,以省去顧客親自跑一趟銀行的麻煩。然而,他們願意為了提供新服務而犧牲的舊有商業模式還是很有限。伊斯梅爾如此描述競爭對手:「提供利率2.25%的存款帳戶明明很容易,但他們不會讓你開那種帳戶,因為他們不想拱手放棄支存帳戶的生意。他們也不會像Clarity Money那樣,為你提供一種開放式架構,讓你購買其他的產品。」因為讓顧客繼續使用他們既有的昂貴產品,對銀行最有利。

誰是下一波贏家?

這就是FinTech的未來嗎?「不知道自己完蛋的銀行」會慢慢變得無關緊要,「知道自己完蛋的銀行」將會收購或複製FinTech新創公司的最佳創新。

某種程度來說,這種情況已經發生了。比方說,Zelle是由一群銀行設計的支付app,目的是扼殺Venmo。全球最大的財富管理公司之一——富達投資推出自己的機器人理財Fidelity Go,收取0.35%的費用,不設存款最低門檻(跟Betterment一樣）。曾經痛批比特幣的摩根大通，正在開發自己的加密貨幣「摩根大通幣」，以方便資金轉移。而高盛透過Marcus事業，已經貸放出40幾億美元。

這些例子不勝枚舉。

馬斯特斯暗示，這是無可避免的趨勢，她指出：「FinTech公司之所以能夠發揮影響力，不止是拜科技崛起所賜，也是因為那些傳統大銀行都把焦點放在別的地方。現在那些傳統大銀行沒有原則上的理由，不使用相同的技術與方法來改進事業。所以，如果這就是FinTech革命的話，下一階段是看誰贏得這場競爭。基本上是使用FinTech革命的工具，來改善事業及強化事業周圍的護城河。」

現在大銀行終於注意到FinTech了，那可能對啟動這場革命的新創公司構成生存威脅。對一些FinTech公司來說，確實是如此。如今全球約有一萬多家FinTech新創公司，這場革命幾乎可以確定已經達到「技術成熟度曲線」的顛峰。最容易摘到的果實都已經摘光了，創投業者的資金也投資得差不多了，其中有不少新創公司可能無法在即將到來的FinTech泡沫破裂中存活下來。

但隨著創投資金的消失，來自銀行的資金則開始湧入。因為對銀行來說，收購FinTech公司或與FinTech公司合作，往往比自己從頭開始打造一個類似的系統更明智。

對許多FinTech公司來說，這些銀行的合作機會來得正是

時候。多年來，FinTech公司在監管機構的忽視下蓬勃發展，但現在他們已經遊走在法律的邊緣，規模大到監管機構難以忽視的境界。如果他們想靠自己持續成長，那就需要取得銀行執照，並接受監管機構的監督。

不這樣的話，他們也可以找一家在監管方面有經驗、過去十年剛學會與監管機構合作的最有效方式、而且已經有銀行執照的公司（亦即銀行）合作，或是讓那種公司收購。

在恰當的時機，與合適的銀行，建立適當的合作關係，可以避免FinTech公司陷入停滯，這對合作的銀行來說也有同樣的效益。

戴蒙曾警告，FinTech公司將會來搶銀行的飯碗，但他的前同事馬斯特斯認為：「FinTech雖然搶了那些大銀行的一些生意，但他們也讓那些大銀行變得更好。」

無論如何，馬斯特斯認為，爭論這場銀行與FinTech公司的對決究竟誰會勝出，其實忽略了下一步發展的真正重點：「大銀行其實不太擔心Lending Tree或SoFi對他們造成的影響，他們顧慮的是蘋果、亞馬遜、臉書、Google。他們怕那些科技巨擘利用自身現有的網絡，真的在打造自己的金融生態系統方面有重大的進展。」

他們的擔心不無道理，因為大型科技公司已經兵臨城下，銀行家（至少那些「知道自己已經完蛋」的銀行家）心知肚明。

那麼，誰將從過去十年的FinTech革命中記取最好的啟示？畢竟，金融服務圈的諸多創新不單只是iPhone與App Store、高速下載、隨時隨地連線的結果，那些創新也是新思維的成果。那種思維優先考慮透明度、資料取得的民主化、零阻力和以客為尊的用戶體驗，以及持續了解品牌在這種體驗中所扮演的角色。這種改變不可能走回頭路，現在就看誰將帶領大家前進。

用創新，在市場取得一席之地

「我知道這說法聽起來很好笑，但這家公司是從創新起家的。」

瑪格麗特・基恩（Margaret Keane）指的是市值240億美元的銀行Synchrony，她是這家銀行的執行長。她之所以說這聽起來很好笑，是因為2014年以前，Synchrony是奇異資融（GE Capital）的一部分。而奇異資融是美國最大、歷史最悠久、最穩健的金融機構之一。

它很重要嗎？沒錯。很強大嗎？確實。但創新呢？

她說：「想想經濟大蕭條時期，這家公司是從銷售電器起家的。」

還記得1876年愛迪生在紐澤西州門洛帕克（Menlo Park）開設的小實驗室嗎？到了1932年，那個實驗室變成了

奇異公司（GE），而且它不再只是涉足電報，還跨足發電業、無線廣播，甚至是電視方面的先驅。但奇異公司的主要

轉型者：瑪格麗特·基恩

事業之一是電器，它販售吸塵器、咖啡機、鬆餅機，幾乎各種家電都有。

後來經濟大蕭條來襲，使美國五分之一的工作消失，奇異公司的大部分市場也跟著消失。即使消費者想買電器，需要電器，他們也買不起。然而，如果大家不買家電，用電量也會減少。這樣一來，奇異公司的所有事業都會陷入嚴重困境。

基恩指出，後來「有人突發奇想說：『我們何不乾脆為這些家電提供貸款？』」

於是，奇異公司設立新的事業部門「奇異資融」，借錢給消費者，讓他們購買需要的家電。「他們每週償還5美元，直到付清冰箱、爐子或任何東西的價格。當時大家是這樣買家電的。」

消費性融資與信貸如今已經非常普遍，所以大家很容易忘了那也是一種技術創新——為了即時調度資金而發明的技術。基恩說：「當時這是非常創新的。」

基恩是1996年加入奇異資融，一路晉升，並於2011年升任北美消費金融事業的執行長。她喜歡提醒大家Synchrony的起源，因為「如果我們八十年後還想繼續在金融服務業競爭，我們就必須走在技術創新的尖端。」

2008年的金融危機幫她確立了這個觀點。「在那場危機中，有件事情令我震驚，那就是它發展的速度實在太快

了。」為了讓公司挺過那場危機及之後的任何危機，公司也也必須學會快速行動。

因此，她去了矽谷，研究科技公司如何運作。

她說：「我永遠忘不了一個情境。我去了Splunk，現在它已經是家大公司了。我到現場時，嚇了一跳。他們的辦公桌擺得到處都是，亂到不行。當下我真想切換成老媽模式，把那個地方收拾乾淨。」

但她觀察了那些團隊如何合作，與他們討論工作方法，並開始意識到奇異資融的團隊架構有多落後。奇異資融是由上而下，講究規則，不重視授權。她說：「我們沒有善用團隊的價值，我們把年輕人放在辦公隔間裡，要求他們上班不准戴耳機。你懂我的意思嗎？那是我們奇異公司運作的方式。」

她在矽谷看到的情況正好相反，「他們是以團隊的形式，跨部門運作。他們很快就讓最擅長表達的年輕人負責做簡報，讓工程師做工程。他們迅速評估技能，行動比我們快多了。」

她想把那種文化帶回奇異資融。「我把IT部門的兩個人從公司的地下室拉出來，我說：『我們需要這麼做，我們需要為技術開發與創新，創造出截然不同的作法。』」

這是Synchrony所謂「創新站」（Innovation Station）的由來。

打從一開始，創新站的運作就和奇異公司的其他事業不同。首先，它是由一個跨部門的團隊所組成。其中，不是只有技術人員，還有行銷、信貸、法規遵循部門的人員。公司鼓勵內部提出各種觀點，讓那個團隊發揮效用。

敏捷開發

「他們是以團隊的形式，跨部門運作。他們很快就讓最擅長表達的年輕人負責做簡報，讓工程師做工程。他們迅速評估技能，行動比我們快多了。」

第二，他們賦予那個團隊「登月任務」，亦即不受公司日常營運細節所限的遠大目標。基恩指出：「我們屬於奇異公司，所以官僚流程限制了創新。」每分錢都需要從淨利方面考量，並要證明花那筆錢是合理的。「所以，我們做了一件當時前所未聞的事：我們撥了預算給那個團隊，並告訴他們：『你們自己決定要怎麼花這筆錢。』那雖然不是好幾億美元，但不管是多少錢，我們都告訴他們：『這就是你們的預算，放手去做吧。』」

他們用那些預算去創新。Synchrony 的最大業務是「自有品牌」信用卡：該公司為勞氏公司（Lowes）、雪佛龍（Chevron）、Gap 等公司發行的門市品牌信用卡，提供後端的金融基礎設施。此外，「創新站」團隊認為，行動技術將

會是他們新興業務的關鍵部分，所以他們也全力投入這個領域。他們先製作原型，接著開發專利技術，讓購物者透過智慧型手機就能申請信用卡、支付帳單、獲得服務。

如果這聽起來還不是特別創新，這主要是因為Synchrony為了凸顯這些技術，把背後的複雜流程都搞定了。

為什麼Synchrony能看出其他銀行所看不見的東西？為什麼他們能創新，但其他銀行一直落後？

基恩說：「這都是因為門戶之見。」大企業裡的人很容易狹隘地思考自己的任務，只想到自己的部門。對銀行來說，擺脫這種思維特別困難。「我們受到嚴格的監管，每五分鐘就有人盯著我們看，我們想要隨時符合規定，所以不得不從法規遵循的角度出發。但如今為了在市場上競爭，你需要打造一個有全面企業思維的公司。我甚至覺得我們還沒做到那個境界。我們有改進了，每天都在進步，但還沒達到那個境界。」

當科技巨頭進攻金融業

你正要去參加朋友的派對，半路上，手機傳來一則簡訊：「能不能順便幫我帶點零食過來？」

你回訊：「沒問題！」

你沒有退出那個即時通訊的app，直接查了一下附近哪些超市有好評推薦，然後點了一個按鈕，找共乘服務載你去那家店。你沒有和司機閒聊，而是利用乘車時間完成了幾件差事，像是繳電費，預約牙齒檢查，訂購幾雙新鞋送到家裡，甚至擠出時間打了一下電玩。你做這一切時，都是在剛剛那個即時通訊app裡完成的。

到了超市，你的朋友啟動視訊聊天，好讓她隔空陪你購物。你以手機的攝影鏡頭掃描條碼來買東西，也挑了幾罐酒。由於那個即時通訊app與你的身分證有連結，它能夠自動驗證你的年齡。而購買那些商品的錢，會直接從你的銀行帳戶中扣除。過了一會兒，朋友會還你那筆錢，並在社群媒體上發訊，稱你是她的「＃偶像」。你從商店裡上傳一張自拍作為回應。接著，你注意到健身追蹤器顯示你今天走的步數還不夠多，你

決定乾脆步行去派對現場。朋友把地址傳給你，那個地點直接在你的地圖上彈跳出來。你告訴她：「五分鐘後見！」

你是在「微信」這款app上完成了上述的一切。

微信不是未來學家為想像的科幻明日世界虛構出來的軟體。這款app真實存在，現在就有，而且每天的用戶數逾十億人。

想要展望未來，其實只要看看今天的中國就行了。

開發出微信的騰訊公司成立於1998年，最初是一家聊天與微網誌公司，如今則是全球最大的金融公司之一，每天處理超過十億筆的支付。那就像早期的即時通訊工具ICQ超越並取代萬事達卡一樣。不過，微信不是銀行，而是最初以表情符號、表情包、電玩聞名的平台。那麼，它是如何在全球經濟大國的商業中心中找到定位的？

答案很簡單：微信有用戶，而且超級多。

微信在中國可說是隨處可見，全中國79％的智慧型手機用戶都使用微信，但更重要的是，大家**購物**的地方都有微信。無論你想在哪裡購物，不管是線上還是線下，微信都只需要輕鬆按一下按鈕，就可以處理交易。

銀行可能有資金與基礎設施來轉移那些錢，但微信顯然掌握了商業方程式中更強大的部分：它吸引了想要購物的人。

威脅銀行業的科技「四人幫」

事實上，如今在西方，是由四家公司——Google、蘋果、臉書、亞馬遜，作為我們體驗世界的橋梁。Google前執行長艾力克・施密特（Eric Schmidt）曾把這幾家公司稱為「四人幫」，世界上的其他人則是直接稱這四家公司為「科技巨擘」（Big Tech）。如今這四家公司幾乎對一切事情都有巨大的影響。[1]

但科技巨擘有多大？答案是，非常大。美國有一半的電子商務是透過亞馬遜進行，Google與臉書掌控了一半以上的數位廣告收入，美國的智慧型手機市場則有一半歸蘋果所有。蘋果每天賺的錢相當於兩千五百個美國一般家庭一年的收入，更是石油巨擘艾克森美孚（ExxonMobil）的三倍。[2] 四大科技巨擘的總市值逾2.5兆美元，約與英國的GDP相當。

這些數字令人瞠目結舌，但依然無法描述科技巨擘對銀行業構成的生死存亡威脅。

表面上看來，這四大巨擘似乎經營著截然不同的事業。Google是我們需要學東西時前往的地方，臉書是我們與朋友聯繫的地方，亞馬遜是我們購物的地方，蘋果把手機和app放進我們的口袋。

然而，這四家公司除了都很有錢以外，他們的共同點是：都有龐大的死忠用戶網絡。因此，那些人需要某種東西時，就

會上那些平台尋找。

微信讓我們看到，這是一種強大的組合。

而且，它似乎無可避免一定會與銀行迎面碰上。

「我絕對相信，像亞馬遜、蘋果、Google這種平台型的公司將為客戶提供金融服務。」亞當·戴爾說，「這是與現有顧客拉近距離，以及搶占心占率與荷包占有率的方式，不做才傻好嗎？」

而像辛格創立Yodlee之前曾在亞馬遜工作，後來到Google負責亞洲業務，他也認同這個看法。「無論是好是壞，沒有人比那四大或五大網路巨擘更有能力提供金融服務。他們是尋找東西的入口點。」

顧客所在

「無論是好是壞，沒有人比那四大或五大網路巨擘更有能力提供金融服務。他們是尋找東西的入口點。」

四大巨擘跟微信一樣，在可能的銷售點直接與客戶互動。所以，客戶決定購買時，如果這家科技公司不使用銀行來處理支付，而是決定自己處理，那會變成怎樣？每當客戶想刷卡購物或貸款支付時，假如科技公司不是把客人送到銀行或信用卡公司，而是直接借給客戶，那會是什麼狀況？[3]

這使四大巨擘很有可能大幅顛覆信貸領域，而且這還只是

消費者這邊。畢竟，消費者在那些平台上的每筆消費，都會對應一個賣家。而那個賣家也會有金融需求，像是偶爾尋求信用額度或小企業貸款。

辛格說：「如果你是商家，亞馬遜為你提供浮動差額或貸款，以便你發貨及取得更好的供貨（而這會為他們帶來更多的供貨，以及更多的獨家供應），你會考慮嗎？當然會。那比去美國銀行設法獲得一筆小企業貸款容易多了。」

在那種情況下，你還需要銀行做什麼？

相較於現有的銀行，科技公司除了有龐大的忠實用戶群以外，還有幾個強大的策略優勢。首先，科技巨擘擁有資料，而且是巨量資料，這點很重要。基恩說明了原因：「事實是，你想在事情發生以前，就知道它發生了。」她說，在金融危機期間，銀行不知所措，因為他們做商業決策時，假設危機會像過去一樣發展。銀行以為大家可能會拖欠卡債或汽車貸款，但一定會繼續支付房貸，結果正好相反。而且，他們沒有很快察覺到這種差異，也沒有迅速反應，那又導致危機加劇。」

資料，以及對那些資料的了解，也許可以讓2008年的經濟免於崩解。基恩問道：「為什麼我們能更有效地運用資料？有沒有什麼跡象讓我們更早察覺那些行為？根據你看到的資料，你能以多快的速度採取行動？」

如果你是一家有十億用戶的四大科技巨擘，還有一個致力以機器學習來處理用戶資料的部門，你應該可以比大銀行更

快、更準確地發現型態。

這讓科技公司在發現宏觀趨勢方面更有優勢,但也幫他們在微觀層面上判斷每位用戶。Google、臉書、亞馬遜已經證明,他們能夠根據用戶線上行為的複雜模型,來提供廣告內容與產品推薦。既然如此,何不推薦金融產品?

但是,在提供金融服務方面,科技公司還有另一個更大的優勢:

他們不需要從這些服務賺錢。

戴爾說:「蘋果公司根本不在乎能不能從音樂賺錢,它只希望那個平台能幫它銷售硬體。」蘋果為了銷售iPod,而以低價販售音樂。「那徹底改變了音樂產業。」戴爾認為,四大科技巨擘沒有理由不對金融做同樣的事情。「我認為,亞馬遜最後會推論(或是可能已經如此推論),他們根本不在乎能不能從金融服務上賺錢。但他們希望為客戶提供這些功能,以便獲得更多消費者的心占率與荷包占有率。」

四大科技巨擘已經有實用的盈利商業模式,如果他們把金融服務加入事業中,那不會是為了取代現有的商業模式,而是為了讓大家更常消費他們的核心事業。

例如,戴爾說:「你從亞馬遜購買食物、牛奶、糖、雞蛋時,如果剛好現金不夠,而且你又在亞馬遜開了銀行帳戶,我相信亞馬遜會很樂意提供你500美元的低利個人貸款,讓你的金流進出更順暢,也幫你持續購物。他們這樣做時,幾乎不太

考慮從貸款中獲利，因為從忠誠度及綁住客戶的角度來看，這錢花得很值得。」

這不再只是臆測，科技公司已經開始嘗試提供金融服務。比方說，Apple Pay與Google Pay鼓勵用戶使用智慧型手機購物，而不是使用信用卡或簽帳金融卡。[4] Amazon Lending是一種純邀請式的B2B信用額度，只提供給精挑細選過的商家（邀請無疑是根據演算法，評估商家值得信賴的程度），信用額度介於1,000美元到80萬美元之間。

臉書也不讓對手專美於前，剛宣布它要發布加密貨幣Libra的計畫。Libra將讓用戶在臉書的任何平台上（包括Instagram和WhatsApp）進行支付與轉帳，並把錢存在數位錢包裡，而這些都不需要銀行帳戶。

Libra可能給商業帶來的潛在顛覆效應，就跟微信一樣。而祖克柏當然很清楚這點。

接下來呢？未來的模式

那麼，科技巨擘接掌金融服務業是不是無可避免的呢？

也許吧。

但是，既然科技公司比銀行多了這些優勢，為什麼他們還沒有接掌金融服務業？相較於微信及其主要的中國競爭對手阿里巴巴席捲市場的方式，西方科技公司的運作一直比較謹慎，

為什麼？

基恩說：「監管綁手綁腳，被當成銀行那樣監管是截然不同的世界，我覺得他們不會喜歡那種感覺。」

馬斯特斯的整個職涯都在金融圈度過。如今隨著經濟循環的十年鐘擺進入下一個擺盪週期，她注意到另一個新興趨勢：「如果你看2009年起那十年發生的事情，會看到金融海嘯席捲金融業，使他們經歷了巨大的痛苦與重組。那種痛苦促成了十年後非常強大的金融服務業，至少美國是這樣。不過這股重新監管的浪潮大致上已經完成了。但是，它才剛開始衝擊Google、臉書等公司。」

政府監管的目的，是為了減少系統性風險。金融危機爆發以來（這段期間iPhone問世、社群媒體出現爆炸式的成長、線上互動與交易出現全新典範），監管機構一直關注銀行，而不是科技公司。雖然銀行因此整頓了事業，變得更穩健，但監管機構越來越難忽視科技巨擘帶來的系統性風險。

馬斯特斯相信，科技巨擘即將受到監管機構的關注。「他們已經成為全球經濟中的重要參與者，所以主管機關會要求他們為自己的所作所為所造成的意外後果負責。但目前世界上沒有一個監管架構充分考慮到科技公司可做的事情範圍。」

隨著這些巨擘闖蕩未來，他們正進軍金融服務業，但同時也小心翼翼地避免把銀行踩在腳下。他們認為比較好的作法是專注於本業，為用戶提供最好的體驗，並尋找金融合作夥伴在

幕後處理金融最繁瑣的部分。

　　也許這就是未來的模式。

　　目前看來，在有人出來顛覆這種作法以前，這似乎是可行的模式。

謝辭

這本書講述了許多精彩人物，他們的參與令我永遠銘感五內。不過，跟書中提到的名字一樣重要的是，協助我出版這本書的朋友與同仁。

首先，感謝Vested公司的團隊，尤其是與我一起創辦Vested的金彬娜（Binna Kim，音譯）與艾許維恩·阿羅拉（Ishviene Arora），謝謝她們讓我有餘欲整理這些東西。此外，也感謝艾瑞克·哈薩德（Eric Hazard）的意見與見解，以及艾力卡·湯普森（Erica Thompson）、艾德麗安·羅賓斯（Adrienne Robbins）、艾胥麗·瓊斯（Ashley Jones）在製作與宣傳方面的支持。

如果沒有寫作夥伴克里斯·迪文（Chris DeWan）的幫忙，這本書不可能完成。他是卓越的思考者，擅長講故事，更是共事的好夥伴。

另外，感謝彭博的傑森·舒契特（Jason Schechter），多年來他的支持讓我能夠寫出這樣一本書。我也想對Vested的首席經濟學家密爾頓·艾茲拉提（Milton Ezrati）及美國金融博物館的大衛·科文博士（David Cowen）表達同樣的謝意。

特別感謝雙親喬恩與蘇，他們鼓勵我對書寫文字的熱愛，

同時明智地引導我離開新聞業；也感謝內人艾琳陪伴孩子，讓我有時間寫稿。

最後，感謝麥克‧勒凡（Michael Levin）與吉兒‧馬薩爾（Jill Marsal）因為喜歡這本書的概念而全力支持它的出版。感謝哈潑柯林斯出版集團（HarperCollins）的編輯提姆‧伯卡德（Tim Burgard）協助這本書順利付梓。

注釋

前言　無app可用的「上帝手機」

1. Steve Jobs, "iPhone Keynote 2007," Genius.com, n.d., https://genius.com/Steve-jobs-iphone-keynote-2007-annotated.

2. Cal Newport, "Steve Jobs Never Wanted Us to Use Our iPhones Like This," *New York Times*, January 25, 2019, https://www.nytimes.com/2019/01/25/opinion/sunday/steve-jobs-never-wanted-us-to-use-our-iphones-like-this.html.

3. Lorenzo Franceschi-Bicchierai and Brian Merchant, "The Life, Death, and Legacy of iPhone Jailbreaking," *Vice*, June 28, 2017, https://www.vice.com/en_us/article/8xa4ka/iphone-jailbreak-life-death-legacy.

4. Reuters, "Key Excerpts from Steve Jobs' Biography," October 24, 2011, https://www.reuters.com/article/us-apple-jobs-excerpts/key-excerpts-from-steve-jobs-biography-idUKTRE79N6TE20111024.

5. Saul Hansell, "Steve Jobs Girds for the Long iPhone War," *Bits* (blog), *New York Times*, September 27, 2007, https://bits.blogs.nytimes.com/2007/09/27/steve-jobs-girds-for-the-long-iphone-war/.

Chapter 1　會移動的錢

1. Market Pulse, "U.S. E-Commerce Sales (unadjusted)," https://www.marketplacepulse.com/stats/us-ecommerce/us-e-commerce-sales-

unadjusted-23.

2. M. Szmigiera, "Number of FDIC-Insured Commercial Banks in the United States from 2002 to 2017," Statistica, last updated September 5, 2019, https://www.statista.com/statistics/184536/number-of-fdic-insured-us-commercial-bank-institutions/.

3. Andrew Kortina, "Origins of Venmo," *Kortina.NYC* (blog), June 2, 2014, https://kortina.nyc/essays/origins-of-venmo/.

4. Brodie Beta, "The Top iPhone, iPod Touch & iPad Apps of 2010," GeekBeat, December 15, 2010, https://geekbeat.tv/the-top-iphone-ipod-touch-ipad-apps-of-2010/.

5. Sarah Perez, "Zelle Forecast to Overtake Venmo This Year," TechCrunch, June 15, 2018, https://techcrunch.com/2018/06/15/zelle-forecast-to-overtake-venmo-this-year/.

Chapter 2　借錢給陌生人

1. *It's a Wonderful Life*. Directed by Frank Capra. Hollywood, California: Liberty Films, 1946.

2. 一家銀行實際持有多少錢，因國家而異，甚至因銀行而異。但在美國，銀行通常有3%至10%的「準備金要求」（亦稱為「流動比率」）。這表示銀行可以把客戶存款的90%到97%用於投資，而他們也很少把客戶的存款以現金形式留下來。其餘的部分是「非流動」的，被貸款等資產綁著。假設帳目精確，也沒有任何問題，銀行應該會以某種形式持有客戶的所有**財富**，只是不以**現金**形式持有。

3. 事實上，這是導致2008年銀行陷入困境的主因：他們出借太多錢給太多的陌生人，最終嘗到本質上形同銀行擠兌的惡果。

4. "Fico History," About Us, FICO, accessed October 8, 2019, https://www.fico.com/en/about-us#our-company.

5. "LendingClub Statistics," LendingClub (website), last updated March 31, 2019, https://www.LendingClub.com/info/demand-and-credit-profile.action.

6. Caroline Howard, "The World's 100 Most Powerful Women in 2017," *Forbes*, November 1, 2017, https://www.forbes.com/sites/carolinehoward/2017/11/01/the-worlds-100-most-powerful-women-in-2017/.

7. "Kabbage," *Forbes*, last updated February 4, 2019, https://www.forbes.com/companies/kabbage/#275782b02b90.

8. 小企業主往往無法從銀行獲得商業貸款，只好以個人信用額度（信用卡、房屋淨值貸款等等）來經營事業。但在金融危機爆發後，個人信貸額度枯竭，這些小企業主幾乎別無選擇。

9. "Lending Club Review," CreditLoan.com, accessed October 8, 2019, https://www.creditloan.com/personal-loans/lending-club-review/.

10. LendingClub, "LendingClub Reports First Quarter 2016 Results - Chairman & CEO Renaud Laplanche Resigns," press release, May 9, 2016, https://ir.LendingClub.com/File/Index?KeyFile=34233669.

11. LendingClub, "LendingClub Reports First Quarter 2016 Results."

12. Connie Loizos, "After Much Drama, LendingClub Founder Laplanche Gets a Slap on the Wrist by the SEC," TechCrunch, October 1, 2018, https://techcrunch.com/2018/10/01/after-much-drama-lendingclub-founder-renaud-laplanche-get-a-slap-on-the-wrist-by-the-sec/.

Chapter 3 資料、自動化與理財

1. M. Szmigiera, "Number of FDIC-Insured Commercial Banks in the United States from 2002 to 2017," Statista, September 30, 2019, https://www.statista.com/statistics/184536/number-of-fdic-insured-us-commercial-bank-institutions/.

2. A P Kamath, "Yodleeing Their Way to the Top," Rediff on the Net, October 30, 1999, https://www.rediff.com/news/1999/oct/30us2.htm.

3. "Total Number of Websites," InternetLiveStats.com, accessed October 8, 2019, https://www.internetlivestats.com/total-number-of-websites/.

4. A P Kamath, "Yodleeing Their Way to the Top."

5. Marc Hedlund, "Why Wesabe Lost to Mint," *Marc Hedlund's Blog*, October 1, 2010, http://blog.precipice.org/why-wesabe-lost-to-mint/.

6. Bobbie Whiteman, "Padma in Bed with Her Baby Daddy! Lakshmi Confirms She Is Very Close Again with Krishna's Father Adam Dell with Intimate Instagram Photo," Dailymail.com, June 18, 2017, https://www.dailymail.co.uk/tvshowbiz/article-4615754/Padma-Lakshmi-bed-baby-daddy-Adam-Dell-Krishna.html

Chapter 4 機器的崛起

1. "World GDP by Year," Multpl.com, accessed October 8, 2019, https://www.multpl.com/world-gdp/table/by-year.

2. Fabian T. Pheffer, Sheldon Danziger, and Robert F. Schoeni, *Wealth Levels, Wealth Inequality, and the Great Recession*, Research

Summary (Russell Sage Foundation, 2014), https://inequality. stanford.edu/sites/default/files/media /_media/working_papers/ pfeffer-danziger-schoeni_wealth-levels.pdf.

3. 紐約大學的教授愛德華‧沃夫（Edward Wolff）的另一篇論文 發現：「最富有的10％家庭掌控了股票總值的84％。」Edward N. Wolff, "Household Wealth Trends in the United States, 1962 to 2016: Has Middle Class Wealth Recovered?" (working paper, National Bureau of Economic Research, Cambridge, MA, 2017), 19, https://www.nber.org/papers/w24085.pdf.

4. Carmen DeNavas-Walt and Bernadette D. Proctor, "Income and Poverty in the United States: 2014," Census.gov, September 2015, https://www.census.gov/content/dam/Census/library/ publications/2015/demo/p60-252.pdf; Board of Governors of the Federal Reserve System, "Report on the Economic Well-Being of U.S. Households in 2018," FederalReserve.gov, May 2019, https:// www.federalreserve.gov/publications/files/2018-report-economic-well-being-us-households-201905.pdf.

5. Cybele Weisser, "The Rise of the Robo-Advisor," ConsumerReports. org, July 28, 2016, https://www.consumerreports.org/personal-investing/rise-of-the-robo-adviser/.

6. 「優良的」財富管理公司（亦即關注客戶利益的財富管理公司）當然存在，但並不是每家券商都如此以客為尊。一位曾任理財顧問的人告訴我們：「2000年，我開始進入這行當理財顧問時，並不關心客戶整體的財務狀況，我關心如何向他們推銷產品。公司告訴我們，我們應該銷售這支共同基金，以提高它的排名，即便那產品不適合客戶。」

7. 財富管理經理的收費持續逐步下滑。2000年，許多私人財富管理經理收2%的管理費，每次代表客戶做每筆交易時也會收佣金，每筆交易約收35美元。嘉信理財與史考特證券（Scottrade）等折扣券商開始削減這些交易佣金，先是每筆交易收取8美元，後來又減為7美元。之後出現E-Trade之類的線上交易平台，把交易佣金降得更低。而Robinhood與零佣金交易的出現，結束了這個趨勢。

8. 有一個老故事是描述十九世紀末，兩個鞋子推銷員各自去非洲尋找商機。兩人抵達非洲後不久，第一個推銷員發電報給總部：「這裡根本沒有市場，大家都不穿鞋。」第二個業務員發電報告訴總部：「天大良機，大家都還沒有鞋子！」然而，多數的財富管理經理只關注財富位居金字塔頂端的人，因為其他人「根本沒有市場」。Betterment則是看到「天大良機」，並把它變成一個事業。

9. John C. Bogle, "The First Index Mutual Fund: A History of Vanguard Index Trust and the Vanguard Index Strategy," Bogle Financial Markets Research Center, accessed October 8, 2019, https://web.archive.org/web/20130507033534/http://www.vanguard.com/bogle_site/lib/sp19970401.html.

10. David Thomas, "Passive Investing Vehicles Close the Gap with Active Management," *Forbes*, February 4, 2019, https://www.forbes.com/sites/greatspeculations/2019/02/04/passive-investing-vehicles-close-the-gap-with-active-management/#44bd40705778.

11. Robin Sidel, "FDIC's Tab for Failed U.S. Banks Nears $9 Billion," *Wall Street Journal*, updated March 17, 2011, https://www.wsj.com/articles/SB10001424052748704396504576204752754667840.

12. Dennis Jacobe, "Americans' Confidence in Banks Remains at Historical Low," Gallup, April 6, 2010, https://news.gallup.com/poll/127226/americans-confidence-banks-remains-historic-low.aspx.

13. 儘管機器人的成長很快，相當可觀，但現有投資公司所管理的財富仍多出許多。例如，現有投資公司中，規模最大的貝萊德管理的資產規模高達6.5兆美元；先鋒是5.3兆美元；嘉信理財是3.3兆美元；富達是2.4兆美元。

14. Boris Khentov, "Navigating Market Stress: Betterment's Approach to Brexit," Betterment (website), June 27, 2016, https://www.betterment.com/resources/navigating-market-stress-betterments-approach-to-brexit/.

Chapter 5　金融服務的未來

1. Gerald Apaam et. al, *2017 FDIC National Survey of Unbanked and Underbanked Households* (Federal Deposit Insurance Corporation, 2018), fdic.gov/householdsurvey/2017/2017report.pdf.

2. 美國80％的商銀與信合社使用一種名為ChexSystems的服務，這是一家通報機構，追蹤退票、透支帳戶，以及潛在的詐欺性銀行帳戶活動。而銀行之間會共用這些檔案，如果一個人的ChexSystems檔案顯示太多的負面報告，銀行為了降低這個客戶所帶來的風險，會讓他很難或無法在任何銀行開戶。而ChexSystems將每個人檔案上的通報事件保存至少五年。因此，銀行客戶可能需要等很久才能清除那些不良記錄。

3. Maria Lamanga, "Overdraft Fees Haven't Been This Bad Since the Great Recession," MarketWatch, April 2, 2018, https://www.

marketwatch.com/story/overdraft-fees-havent-been-this-bad-since-the-great-recession-2018-03-27.

4. 這些新的「銀行沙漠」（毫無銀行的社區）與經濟大衰退的多數時間一樣，對弱勢族群造成特別大的影響。而低收入人口普查區正好也是銀行沙漠的機率，是高收入區的兩倍多。此外，關閉的鄉下分行中，有25％是發生在少數族裔占多數的人口普查區。

5. Jason Richardson et al., "Bank Branch Closures from 2008-2016: Unequal Impact in America's Heartland," National Community Reinvestment Coalition, n.d., https://ncrc.org/wp-content/uploads/2017/05/NCRC_Branch_Deserts _Research_Memo_050517_2.pdf.

6. 這不光只是不便而已。對窮人來說，跋涉十六公里的「不便」是有代價的（公車票價及無法工作賺錢），這還是假設那個人能夠移動那麼遠的情況。此外，聯準會的資料顯示，「取得銀行信用額度的機會，尤其是對小企業來說，隨著銀行與借款人之間的距離拉長而減少。」參見Richardson et al., "Bank Branch Closures from 2008-2016."

7. 彷彿這些缺點還不夠糟似的，使用非傳統的貸款業者還有另一個代價高昂的副作用：由於這些貸款與償還是發生在銀行系統之外，他們不會向信用機構提報記錄。這表示，不管借款人的還款記錄多好，都無法用來建立信用記錄。這導致那些次級銀行用戶更難取得傳統的銀行信貸。某種程度上來說，使用非銀行產品，使消費者更難回頭使用正規的銀行產品。

8. Martha Perine Beard, "In-Depth: Reaching the Unbanked and Underbanked," Federal Reserve Bank of St. Louis, January 1, 2010,

https://www.stlouisfed.org/publications/central-banker/winter-2010/
reaching-the-unbanked-and-underbanked.

9. 相較之下，有線電視公司現在常提供每秒30MB的下載速度（比撥接數據機快五百倍以上）。而每秒下載速度好幾GB的寬頻（比撥接快一千五百倍），正日益普及。

10. 史崔特**確實**還他錢了。

11. 史崔特澄清：「我可以說我們有一個電話客服中心，但有很長一段時間，辦公室就在我家。我們在儲物室裡放一台電話，讓一個人在裡面接聽顧客來電，那就是我們的電話客服中心。」

12. 相較於信用卡，預付卡迫使持卡人更謹慎做好開銷預算，所以金融危機發生以來的那幾年，預付卡越來越受到消費者的喜愛，不管是有銀行帳戶者或無銀行帳戶者。皮尤慈善信託基金會（Pew Charitable Trust）2014年的一項研究顯示，45％的預付卡用戶過去一年至少用過一次傳統信用卡。參見The Pew Charitable Trusts, *Why Americans Use Prepaid Cards: A Survey of Cardholders' Motivations and Views*, February 2014, https://www.pewtrusts.org/~/media/legacy/uploadedfiles/pcs_assets/2014/prepaidcardssurveyreportpdf.pdf.

13. 美國信用卡持卡人的平均餘額是6,348美元，其中約40％的人每月都有未償還的結餘，每月累積利息，通常還會產生費用。「沒有銀行帳戶的人」不是唯一有金融問題的人，參見The Pew Charitable Trusts, *Why Americans Use Prepaid Cards*.

14. 亞馬遜最近試圖參考史崔特的綠點卡原始構想，把它轉變成讓用戶累積信用的工具，參見Kate Rooney, "Amazon Launches a Credit Card for the 'Underbanked' with Bad Credit," CNBC, June 10, 2019, https://www.cnbc.com/2019/06/10/amazon-launches-a-

credit-card-for-the-underbanked-with-bad-credit.html.

15. 如果把「輕搖滾」也算進來，則是第三個。

16. 暫且不談寬頻與高速行動資料網路的普及，也對富人與城市比較有利，對窮人與鄉村比較不利。

17. 好吧，沒有分行的銀行不是什麼全新的概念。更早之前有一些實例得到好壞參半的結果。例如，1989年First Direct在英國開業，只提供電話銀行服務。ING Direct只有線上銀行，在美國越來越受歡迎，2010年被Capital One收購。但這兩家銀行都是規模較大的傳統銀行的子公司。純網銀之所以與眾不同，部分原因是它們是新成立的，與現有的銀行正面交鋒。但現有的銀行在資本、客戶、特許經營方面已領先一步。

18. 這個「槓桿率」要求，是科技公司不見得想申請銀行執照的原因之一。但即使拿到執照，這也是他們不見得能存續下來的原因：那15％作為準備金的資產，不能拿到市場上投資，這可能妨礙他們競爭。

Chapter 6　改造匯款世界

1. Ismail Einashe and Matt Kennard, "In the Valley of Death: Somaliland's Forgotten Genocide," *The Nation*, October 22, 2018, https://www.thenation.com/article/in-the-valley-of-death-somalilands-forgotten-genocide/.

2. 或者說，它和金錢的歷史一樣悠久。

3. "Stock Ticker History," The Stock Ticker Company, accessed October 8, 2019, https://web.archive.org/web/20141225041242/http://www.stocktickercom-pany.com/stc/history; "Stock Ticker," Thomas A. Edison Papers, Rutgers School of Arts and Sciences

(website), last updated October 28, 2016, http://edison. rutgers.edu/ ticker.htm.

4. 真正開發出海底電纜的是英國人，不是美國人，目的是為了以更快的通訊方式連接龐大的大英帝國。

5. 多年來，西聯不斷地創新及自我改造。1914年，西聯發明第一張簽帳卡（consumer charge card）。1923年，他們推出電傳打字機。1935年，他們發明透過電報線發送圖像的方法，並率先提供大眾傳真服務。1943年，他們發明使用微波、而不是電報線，在城市之間傳輸訊息的方法。1970年代，他們開始向太空發射衛星。

但最終，這些不同的專案毀了西聯：1994年，西聯因擴張過度，現金枯竭，申請破產保護。破產重組結束時，他們的轉帳業務是唯一完好無損的業務。

6. "Find Locations," Western Union (website), accessed October 8, 2019, https://www.westernunion.com/sg/en/find-locations.html.

7. 鄉村M-Pesa用戶的家庭收入平均增加了5％至30％。

8. Toby Shapshak, "Sub-Saharan African Will Have 500m Mobile Users by 2020, Already Has Over Half Mobile Money Services," *Forbes*, July 11, 2017, https://www.forbes.com/sites/ tobyshapshak/2017/07/11/sub-saharan-african-will-have-500m-mobile-users-by-2020-already-has-over-half-mobile-money-services/#3dc464262456.

9. 一些WorldRemit客戶仍然比較喜歡（或需要）以現金形式提領他們的錢，該公司確實提供這個選項。但透過該平台傳送的匯款中，有70％是端到端的數位匯款。相較之下，整個行業的數位匯款比例僅20％。

Chapter 7　神祕貨幣

1. Satoshi Nakamoto, "Bitcoin: A Peer-to-Peer Electronic Cash System" (white paper, bitcoin.org, 2008), 1, https://www.bitcoin.com/bitcoin.pdf.
2. Eric Hughes, *A Cypherpunk's Manifesto*, March 9, 1993, https://nakamotoinstitute.org/static/docs/cypherpunk-manifesto.txt.
3. 與此同時，1993年以來，黃金的價格一路飆漲。目前約為一盎司1,275美元。
4. Nick Szabo, "Bit Gold Markets," *Unenumerated* (blog), December 27, 2008, https://unenumerated.blogspot.com/2008/04/bit-gold-markets.html.
5. Satoshi Nakamoto, "Satoshi Nakamoto's Page," P2P Foundation, accessed October 8, 2019, https://web.archive.org/web/20120529203623/http://p2pfoundation.ning.com/profile/SatoshiNakamoto.
6. 2014年，《新聞週刊》開始搜尋中本聰，並報導：「社會安全指數（Social Security Index）的死亡總檔案（Death Master File）顯示，有幾個中本聰住在北美與其他地方，有的還在世，有的已經過世。其中，有一位是紐約Ralph Lauren的男裝設計師、一位於2008年在夏威夷火奴魯魯過世。LinkedIn上甚至有一個人聲稱自己發明比特幣，目前人在日本。」最終，這篇文章指出一個名叫多利安・中本聰（Dorian Satoshi Nakamoto）的男子就是「比特幣背後的藏鏡人」。該文有點調查報導的味道，但遭到加密圈的普遍質疑及嘲諷。參見Leah McGrath Goodman, "The Face Behind Bitcoin," *Newsweek*, March 6, 2014, https://www.newsweek.com/2014/03/14/face-behind-bitcoin-247957.html.

7. 真要說什麼的話，那就是《比特幣白皮書》的作者擁有太多專業，因此有人認為中本聰其實是一群人，而不是一個人。

8. 每次挖出一個區塊，都可以獲得比特幣作獎勵。但由於整個網絡上的所有礦工都致力解開數學問題，那些比特幣獎勵是根據每個礦工為挖掘那個區塊所貢獻的「雜湊率」（處理器運算力）來分配。

9. 礦工從採礦中獲得的獎勵，最初是設為每完成一個區塊獲得五十枚比特幣，但系統刻意設計成每增加二十一萬個區塊，獎勵就會減半。因此，隨著區塊鏈的規模擴大，新增的比特幣會越來越少。撰寫本文之際，區塊鏈的長度約為五十八萬個區塊，挖出一個新區塊相當於增加12.5枚比特幣。當區塊鏈長度達到六十三萬個時，挖礦的獎勵將再次下降至6.25枚比特幣。大約在2140年，在發行兩千一百萬個比特幣後，該系統將永遠停止產生新幣。

10. 並非一文不值：2010年5月22日，佛羅里達州的程式設計師漢耶茲用一萬枚比特幣買了兩個Papa John's的披薩，這是已知第一筆現實生活中使用加密貨幣的交易。

    後來，以比特幣的最高價值估算，那兩個披薩的價值約為兩億美元。

    漢耶茲後來說：「我對這件事並不感到難過，因為披薩真的很好吃。」

11. 另一方面，其實BitInstant與史崔特的綠點沒太大的不同，因為許多相同的零售點也銷售綠點的預付卡。這兩家公司都是去目標客群（服務不足的市場）本來就會去購物的地方，提供金融服務。

12. Colleen Taylor, "With $1.5M Led By Winklevoss Capital, BitInstant

Aims to Be the Go-To Site to Buy and Sell Bitcoins," TechCrunch, May 18, 2013, https://techcrunch.com/2013/05/17/with-1-5m-led-by-winklevoss-capital-bitinstant-aims-to-be-the-go-to-site-to-buy-and-sell-bitcoins/.

13. Taylor, "BitInstant Aims to Be The Go-To Site."

14. Benjamin Weiser, "Long Sentence Sought for Silk Road Creator Ross Ulbricht," *New York Times*, May 27, 2015, https://www.nytimes.com/2015/05/27/nyregion/long-sentence-sought-for-silk-road-creator-ross-ulbricht.html.

15. Ofir Beigel, "20 Strange Things You Can Buy on Silk Road," 99Bitcoins, last updated January 2, 2018, https://99bitcoins.com/20-strange-things-you-can-buy-on-silk-road/.

16. 這份報告的標題顯示，FBI比較喜歡平鋪直述，而不是舞文弄墨：〈比特幣虛擬貨幣：獨到特質為阻絕非法活動帶來獨特挑戰〉（Bitcoin Virtual Currency: Unique Features Present Distinct Challenges for Deterring Illicit Activity）。

17. "Bitcoin History," Bitcoin Wiki, updated September 7, 2019, https://en.bitcoinwiki.org/wiki/Bitcoin_history#Bitcoin_in_2011.

18. 委內瑞拉的玻利瓦（Bolívar）鈔券出現惡性通膨期間，同樣的現象再次發生：2016年與2017年，隨著當地的貨幣大幅貶值，委內瑞拉人把財富轉換成比特幣以保值。

19. Verge Staff, "The Coin Prince: Inside Bitcoin's First Big Money-Laundering Scandal," *The Verge*, February 4, 2014, https://www.theverge.com/2014/2/4/5374172/the-coin-prince-charlie-shrem-bitinstant-bitcoin-money-laundering-scandal.

20. 如果史瑞姆是去索馬利蘭坐牢，而不是去賓州路易士堡的聯邦

監獄，他可能會透過艾哈邁德的WorldRemit轉帳，避用西聯匯款。

21. Nat Ives, "Winklevosses' Cryptocurrrency Exchange Says the 'Revolution Needs Rules,'" *Wall Street Journal*, January 4, 2019, https://www.wsj.com/articles/winklevosses-cryptocurrency-exchange-says-the-revolution-needs-rules-11546 599600.

22. Charlie Shrem, "Bitcoin's White Paper Gave Us Liberty—Let's Not Give It Back," CoinDesk, October 20, 2018, https://www.coindesk.com/bitcoins-white-paper-gave-us-liberty-lets-not-give-it-back.

Chapter 8　分散與去中心化

1. Claire Brownell, "Vitalik Buterin: The Cryptocurrency Prophet," *Financial Post*, June 27, 2017, https://business.financialpost.com/feature/the-cryptocurrency-prophet.

2. Daniel McGlynn, "Crypto Bites: A Chat with Ethereum Founder Vitalik Buterin," *Abra* (blog), March 13, 2019, https://www.abra.com/blog/crypto-bites-a-chat-with-ethereum-founder-vitalik-buterin/.

3. "Testimonials from Alumni," The Abelard School, https://www.abelardschool.org/students.

4. "Testimonials from Alumni."

5. McGlynn, "Crypto Bites."

6. Morgen Peck, "The Uncanny Mind That Built Ethereum," *Wired*, June 13, 2016, https://www.wired.com/2016/06/the-uncanny-mind-that-built-ethereum/.

7. Brownell, "Vitalik Buterin."

8. Vitalik Buterin, "Ethereum White Paper: The Next Generation Smart Contract & Decentralized Application Platform (white paper, ethereum.org, 2013), http://blockchainlab.com/pdf/Ethereum_ white_paper-a_next_generation _smart_contract_and_ decentralized_application_platform-vitalik-buterin.pdf.

9. Peck, "The Uncanny Mind That Built Ethereum."

10. Matthew Braga, "Change Agents 2016: Vitalik Buterin, Ethereum," *Canadian Business*, October 13, 2016, https://www.canadianbu- siness.com/innovation/change-agent/vitalik-buterin-ethereum/.

11. Buterin, "Ethereum White Paper."

12. Peck, "The Uncanny Mind That Built Ethereum."

13. "Crypto Token Sales Market Statistics," CoinSchedule, accessed October 8, 2019, https://www.coinschedule.com/stats.

14. Edward Robinson and Matthew Leising, "Blythe Masters Tells Banks the Blockchain Changes Everything," *Bloomberg Markets*, September 1, 2015, https://www.bloomberg.com/news/ features/2015-09-01/blythe-masters-tells-banks-the-blockchain- changes-everything.

15. Robinson and Leising.

16. 雖然馬斯特斯一開始忽略比特幣，但那也是經過深思熟慮的：「我其實很認同比特幣支持者所主張的觀點。也就是說，金融業在金融危機中並未善待整個世界。『信任金融中介機構』這個概念，顯然在一定程度上辜負了大家……但我對比特幣理念的反應是：『我不確定這是世界需要的。光是洗錢、恐怖分子資金、制裁等等就已經是夠大的問題了。』關於『央行或政府因為新的貨幣供應形式出現，而失去對本國經濟的貨幣政策的

掌控」這樣的概念（此外，順道一提，這種設計本質上是通貨緊縮的，因為比特幣或其他加密貨幣大多數量有限），我只是覺得那不是我們需要的。」

17. Robinson and Leising, "Blythe Masters Tells Banks the Blockchain Changes Everything."

18. Robinson and Leising.

19. Hugh Son, Hannah Levitt, and Brian Louis, "Jamie Dimon Slams Bitcoin as a "Fraud," Bloomberg, September 13, 2017, https://www.bloomberg.com/news/articles/2017-09-12/jpmorgan-s-ceo-says-he-d-fire-traders-who-bet-on-fraud -bitcoin.

20. 他們確實在2016年加強了技術，允許T+2交易。但是，如果你想想摩爾定律，以科技年代來說，1994年已經是很久以前的事情了。客觀來看，那也是先進100MB Iomega Zip磁碟機問世那年。

21. "CHESS Replacement," ASX, accessed October 8, 2019, https://www.asx.com.au/services/chess-replacement.htm.

22. Swati Pandey, "Australia's ASX Set to Lead in Blockchain for Public Companies," Reuters, January 22, 2016, "Distributed Ledger Technology could provide a once in a generation opportunity to reduce cost."

23. Tae Kim, "Jamie Dimon Says He Regrets Calling Bitcoin a Fraud and Believes in the Technology Behind It," CNBC, January 9, 2018, https://www.cnbc.com/2018/01/09/jamie-dimon-says-he-regrets-calling-bitcoin-a-fraud.html.

Chapter 9　帝國大反擊

1. Alyson Shontell, "Jamie Dimon: Silicon Valley startups are coming to eat Wall Street's lunch," *Business Insider*, April 10, 2015, https://www.businessinsider.com/jamie-dimon-shareholder-letter-and-silicon-valley-2015-4.

2. Jackie Fenn and Marcus Blosch, "Understanding Gartner's Hype Cycles" (Gartner Research, 2018), https://www.gartner.com/en/documents/3887767/understanding-gartner-s-hype-cycles.

3. 也許諷刺的是，Betterment運用技術，收攏了一批財富較少的散戶，並把他們集結成群，手法就像十年前銀行把抵押貸款債券集結成在一起那樣。現在，這群散戶的總價值已經大到足以引起銀行的關注。

4. 2014年，專注於民調分析、政治、經濟、體育的部落格FiveThirtyEight上，有一位認真的部落客可能是太閒，算出了擴大財富的大約價值：如果《歡樂滿人間》中的邁克·班克斯（Michael Banks）把兩便士拿去投資，而不是去買東西餵鴿子，那將累積一百零四年的複利，使價值接近10英鎊。這種征服的快感如何呢？參見Walk Hickey, "Mary Poppins Was Right. Go Ahead and Feed the Birds, Michael," FiveThirtyEight, August 27, 2014, https://fivethirtyeight.com/features/mary-poppins-50th-anniversary-tuppence/.

5. SoftBank Robotics America, "HSBC Bank and SoftBank Robotics America Partner to Bring Humanoid Robotics to Fifth Avenue U.S. Flagship Bank Branch," PR Newswire, June 26, 2018, https://www.prnewswire.com/news-releases/hsbc-bank-and-softbank-robotics-america-partner-to-bring-humanoid-robotics-to-fifth-avenue-us-

flagship-bank-branch-300672008.html.

6. SoftBank Robotics America.

7. S. C. Stuart, "Dancing (and Banking) with Pepper the Robot in Beverly Hills," *PC Magazine*, April 19, 2019, https://www.pcmag. com/news/367499/dancing-and-banking-with-pepper-the-robot-in-beverly-hills.

8. Stuart.

9. Kurt Schlosser, "Can a Robot Spice Up the Retail Banking Experience? HSBC's 'Pepper' Is Now on the Job at Seattle Branch," *GeekWire*, March 12, 2019, https:// www.geekwire.com/2019/can-robot-spice-retail-banking-experience-hsbcs-pepper-now-job-seattle-branch/.

10. Stuart, "Dancing (and Banking)."

11. Ron Shevlin, "How Much Do Banks Spend on Technology? (Hint: It Would Weigh 670 Tons in $100 Bills)," *Forbes*, April 1, 2019, https://www.forbes.com/sites/ronshevlin/2019/04/01/how-much-do-banks-spend-on-technology-hint-chase-spends-more-than-all-credit-unions-combined/#1ae22bbb683a.

12. Adam Lashinsky and Jonathan Vanian, "What Big Banks Say about Being 'Screwed'—Data Sheet," *Fortune*, June 21, 2019, https:// fortune.com/2019/06/21/big-banks-change-data-sheet/.

13. Goldman Sachs, "Goldman Sachs to Become the Fourth Largest Bank Holding Company," press release, September 21, 2008, https://www.goldmansachs.com/media-relations/press-releases/archived/2008/bank-holding-co.html.

14. 如果這一切看來，對這家曾被諷為「披著人皮的吸血烏賊」的

銀行來說，似乎有點過於熱心或雞婆，想想銀行本質上是做什麼：他們尋找被低估的機會，並努力在其他人搶先一步之前，利用那些機會。高盛那種客戶至上的認真精神，恰好是他們認為最符合其淨利的作法。參見Matt Taibbi, "The Great American Bubble Machine," *Rolling Stone*, April 5, 2010, https://rollingstone.com/politics/politics-news/the-great-american-bubble-machine-195229/.

後記　當科技巨頭進攻金融業

1. 華爾街有時會把Netflix歸入這個群體，並把它們統稱為吸血鬼的「尖牙股」（FAANG）。

2. Jun-Sheng Li, "How Amazon Took 50% of the E-commerce Market and What It Means for the Rest of Us," TechCrunch, February 27, 2019, https://techcrunch.com/2019/02/27/how-amazon-took-50-of-the-e-commerce-market-and-what-it-means-for-the-rest-of-us/; Kurt Wagner, "Digital advertising in the US is finally bigger than print and television," Vox, February 20, 2019, https://www.vox.com/2019/2/20/18232433/digital-advertising-facebook-google-growth-tv-print-emarketer-2019; Associated Press, "Apple, Amazon, Facebook, Alphabet, and Microsoft Are Collectively Worth More Than the Entire Economy of the United Kingdom," *Inc.*, April 27, 2018, https://www.inc.com/associated-press/mindblowing-facts-tech-industry-money-amazon-apple-microsoft-facebook-alphabet.html.

3. 一方面，這是極其顛覆性的新模式。另一方面，這並不是什麼新鮮事。例如，西爾斯百貨（Sears Roebuck）為想要縫紉機或

自行車的客人提供融資；福特為了幫顧客買車，也提供顧客融資。我們前面也看到，奇異公司為了銷售家電，把其融資部門發展成一大事業，後來變成基恩的Synchrony銀行。

4. Apple Pay和Google Pay目前仍綁定用戶的傳統信用卡或銀行帳戶。

顛覆華爾街的金融奇才

作　　者　丹尼爾‧賽門（Daniel P. Simon）
譯　　者　洪慧芳
主　　編　呂佳昀

總 編 輯　李映慧
執 行 長　陳旭華（steve@bookrep.com.tw）

社　　長　郭重興
發行人兼
出版總監　曾大福
出　　版　大牌出版／遠足文化事業股份有限公司
發　　行　遠足文化事業股份有限公司
地　　址　23141 新北市新店區民權路 108-2 號 9 樓
電　　話　+886-2-2218-1417
傳　　真　+886-2-8667-1851

印務協理　江域平
封面設計　萬勝安
排　　版　新鑫電腦排版工作室
印　　製　成陽印刷股份有限公司
法律顧問　華洋法律事務所　蘇文生律師

定　　價　450 元
初　　版　2022 年 8 月
有著作權　侵害必究（缺頁或破損請寄回更換）
本書僅代表作者言論，不代表本公司／出版集團之立場與意見

電子書 E-ISBN
ISBN：9786267102763（EPUB）
ISBN：9786267102770（PDF）

國家圖書館出版品預行編目資料

顛覆華爾街的金融奇才 / 丹尼爾‧賽門 作；洪慧芳 譯 . -- 初版 .
　-- 新北市：大牌出版；遠足文化事業股份有限公司發行 , 2022.08
　　面；　公分
　譯自：The money hackers : how a group of misfits took on wall street
　　and changed finance forever.
　ISBN 978-626-7102-78-7（平裝）

　1.CST: 金融業　2.CST: 金融自動化

561.029　　　　　　　　　　　　　　　　　111009292